DE BEM COM VOCÊ

SHARON JAYNES

DE BEM COM VOCÊ

ACREDITE EM DEUS E NÃO NAS MENTIRAS
QUE VOCÊ CONTA A SI MESMA

Traduzido por MARIA EMÍLIA DE OLIVEIRA

Copyright © 2009 por Sharon Jaynes
Publicado originalmente por Harvest House Publishers, Eugene, Oregon, EUA.

Os textos das referências bíblicas foram extraídos da Nova Versão Internacional (NVI), da Bíblica Inc., salvo indicação específica.

Todos os direitos reservados e protegidos pela Lei nº 9.610, de 19/02/1998.

É expressamente proibida a reprodução total ou parcial deste livro, por quaisquer meios (eletrônicos, mecânicos, fotográficos, gravação e outros), sem prévia autorização, por escrito, da editora.

Dados Internacionais de Catalogação na Publicação (CIP)
(Câmara Brasileira do Livro, SP, Brasil)

Jaynes, Sharon

De bem com você : acredite em Deus e não nas mentiras que você conta a si mesma / Sharon Jaynes; traduzido por Maria Emília de Oliveira. — São Paulo: Mundo Cristão, 2012.

Título original: I'm Not Good Enough.
Bibliografia

1. Autoestima - Aspectos religiosos - Cristianismo 2. Autopercepção - Aspectos religiosos - Cristianismo 3. Mulheres - Aspectos religiosos - Cristianismo 4. Mulheres cristãs - Vida religiosa I. Título.

12-00856   CDD-248.843

Índice para catálogo sistemático:
1. Mulheres : Guias de vida cristã   248.843
Categoria: Autoajuda

Publicado no Brasil com todos os direitos reservados por:
Editora Mundo Cristão
Rua Antônio Carlos Tacconi, 69, São Paulo, SP, Brasil, CEP 04810-020
Telefone: (11) 2127-4147
www.mundocristao.com.br

1ª edição: junho de 2012
7ª reimpressão (sistema digital): 2020

A duas das pessoas de que mais gosto no mundo: Mary Southerland e Gwen Smith. Trabalhar com vocês no ministério tem sido uma de minhas maiores alegrias.

Sumário

Agradecimentos — 9

1. A casa dos espelhos — 11

Parte 1 – A batalha pela mente
2. Entenda a verdadeira identidade do inimigo — 21
3. Reconheça as mentiras — 39
4. Rejeite as mentiras — 47
5. Substitua as mentiras pela verdade — 64

Parte 2 – As mentiras que as mulheres contam a si mesmas
6. Não sou digna o suficiente — 79
7. Não tenho valor — 98
8. Sou um fracasso — 113
9. Não consigo perdoar a mim mesma — 129
10. Não consigo perdoar quem me ofendeu — 141
11. Eu seria feliz se... — 153
12. Não consigo me controlar — 167
13. Não há esperança em minha vida — 179
14. Deus não me ama — 190
15. Deus está me castigando — 204
16. Não sou digna de ser chamada cristã — 215

Olhares mais atentos — 230
Guia prático para substituir as mentiras pela verdade — 232
Notas — 249
Bibliografia — 253

Agradecimentos

Muitas pessoas admiráveis colaboraram comigo para tornar este projeto possível. Um agradecimento especial à família Harvest House: a Bob Hawkins Jr., que continua a levar adiante o sonho de seu pai, a saber, alcançar o mundo para Cristo por meio da palavra escrita; a LaRae Weikert por sua fantástica capacidade de fazer qualquer pessoa sentir-se como se fosse sua melhor amiga; a Terry Glaspey, extraordinário ouvinte, incentivador e amigo; a Barb Sherrill, Katie Lane, Rob Teigen, John Constance, Christianne Debysingh, Jeana Newman, Dave Bartlett e Dave Sheets, que, com sua criatividade, levam a mensagem de esperança e cura a um mundo angustiado; e a Shane White, perto de quem até o mais ativo dos mortais parece movimentar-se em câmera lenta. Também sou grata a meu editor, Rod Morris, pela atenção aos detalhes e por seus profundos conhecimentos teológicos.

Sou especialmente grata a duas amigas e parceiras enviadas por Deus e que me incentivaram quando senti que não era digna o suficiente: Gwen Smith e Mary Southerland. Também sou eternamente grata à minha equipe de oração — Van Walton, Christie Legg, Barbara Givens, Kathy Mendietta, Gayle Montgomery, Linda Butler, Bonnie Schulte, Cynthia Price, Naomi Gingerich e Linda Eppley — e aos muitos amigos e amigas que compartilharam suas histórias, permitindo-nos expor as mentiras nas quais acreditamos e a verdade que nos liberta.

Este livro não teria surgido sem meu "editor particular", meu amado marido, Steve. Obrigada por acreditar em mim e presentear-me com o amor e a coragem de que necessitei para levar o trabalho adiante.

Acima de tudo, sou grata a meu Pai celestial, que me ama; ao Espírito Santo, que me capacita; e a meu Salvador, Jesus Cristo, que me libertou.

1

A casa dos espelhos

Não tenho alegria maior do que ouvir que meus filhos estão andando na verdade.

3João 4

Carla estava diante do espelho do banheiro dando os últimos retoques na maquiagem antes de partir apressada para a quermesse da cidade, em companhia de suas amigas. Uma camada de brilho nos lábios mais uma ajeitada nos cabelos com a escova, e Carla estaria pronta para sair.

Ao ouvir o som da buzina do carro das amigas parando na frente de casa, ela pegou a blusa de lã e gritou para a mãe na cozinha.

— Tchau, mãe. Vou chegar por volta das 23 horas.

— Tome cuidado! — a mãe gritou.

Carla, Kátia, Clarice e Margarete andaram de barraca em barraca atendendo aos convites dos que tentavam atrair compradores para suas mercadorias. Viram garotos submetendo-se a situações constrangedoras na tentativa de acertar, com tiros de rifle, raposas de metal que corriam diante de um pano preto, arremessar bolas de basquete dentro de aros que pareciam estranhamente pequenos e dar pancadas com um martelo gigante para provar quem era o mais forte da turma. As garotas tentavam lançar flechas para estourar balões de gás, atirar círculos sobre garrafas e arremessar bolas em cestos de palha inclinados.

Depois de comer algodão-doce cor-de-rosa, as garotas andaram a esmo para assistir a algumas exibições de menor importância.

"Venham, venham todos!", alguém gritou. "Entrem e vejam sua imagem como nunca antes. Esta é a Casa dos Espelhos. Com certeza vocês vão rir e se divertir. Entrem".

"Vamos, mocinha", disse o homem de pele escura, cabelos pretos engordurados e sorriso largo, acenando para Carla. Assustada, ela quis dar meia-volta e correr.

"Vamos entrar aqui", Kátia disse. "Vai ser divertido."

Carla misturou-se à grande aglomeração e foi atraída pela primeira sala de espelhos. A imagem refletia silhuetas alongadas, e as garotas riram de suas figuras altas e magras. Na sala seguinte, riram mais ainda ao ver braços e pernas roliços, corpo atarracado e bochechas rechonchudas. Fizeram várias poses e tiveram uma ideia de como seriam se fossem anãs.

Depois, as garotas dirigiram-se à terceira sala, mas Carla ficou para trás. Permaneceu em silêncio, olhando para a imagem diante dela como se estivesse hipnotizada. Palavras começaram a surgir à sua frente, às vezes mais nítidas, às vezes mais desbotadas, com estilos de letras variados. *Inútil. Mal-amada. Feia. Idiota. Indesejada. Imperdoável. Suja. Infeliz. Fracassada. Indigna.*

Seria um truque? Os outros estariam vendo o que ela via? Como alguém sabia de tudo aquilo? Lágrimas começaram a descer-lhe pelo rosto enquanto as lembranças piscavam diante dela.

"Venha, Carla!", Margarete gritou do saguão. "Vamos nos divertir nos carrinhos bate-bate".

Carla respirou fundo, forçou um sorriso estático e enxugou os olhos. Ninguém notou a marca do rímel escorrendo em suas faces nem os olhos inchados. Como sempre... Ninguém sabia de nada.

A CASA DOS ESPELHOS

Eu estava na sexta série quando me aventurei a entrar pela primeira vez na casa dos espelhos, na quermesse de minha cidade natal. Assim como Carla, meu grupo de amigas risonhas passou de uma barraca a outra, deixando-se convencer de pagar um bom dinheiro para participar de pequenos jogos e ganhar prêmios tolos. Passamos horas entregando nosso dinheiro a criaturas suspeitas, na esperança de ganhar uma serpente feita de algodão com bolinhas roxas, um urso de brinquedo tamanho gigante com cores mescladas, um par de dados confeccionados em feltro para pendurar no espelho retrovisor do carro. Particularmente, gostei mais de "pescar" patinhos. Fui uma verdadeira vencedora.

Vimos as luzes da cidadezinha do alto da roda-gigante, percorremos a escuridão da casa dos horrores em companhia de nosso garoto preferido e despencamos a toda velocidade na montanha-russa, de braços abertos. Mas, dentre todas as atrações da quermesse, a casa dos espelhos foi a que mais me chamou a atenção.

Da mesma forma que Carla e suas amigas, andamos pelos corredores em forma de labirinto, rindo de nossas imagens distorcidas. Olhei para todas as minhas versões no espelho, tentando decidir de qual mais gostava. Mas, no fundo, em um lugar dentro de mim mesma que eu não imaginava existir, parte de mim estava, na verdade, em busca de outra imagem minha. Eu não gostava da versão que conhecia.

Mas isso se devia ao fato de eu não ter ideia de quem realmente era.

Hoje sei que muitas mulheres crescem com uma imagem distorcida de quem realmente são. Elas olham no espelho das realizações e veem as palavras *a desejar*. Olham no espelho dos valores e veem a palavra *inútil*. Olham no espelho do sucesso e veem a palavra *fracasso*. Olham no espelho da capacidade e veem as palavras *inferior, insegura, incompetente*.

Moram na casa dos espelhos acreditando nas interpretações distorcidas acerca de quem são... e tudo isso é mentira.

Espelhos quebrados

Como isso acontece? De onde vêm essas mentiras? Por que é mais fácil acreditar nas mentiras sobre quem somos do que acreditar na verdade? Qual *é* a verdade? Analisaremos todas essas perguntas e muitas outras neste tempo em que passaremos juntas. Mas vou lhe contar uma coisa: tudo começou no Éden.

Após o sexto dia da criação, ao olhar para tudo o que havia feito, Deus disse: "Ficou bom". Houve, porém, um acontecimento terrível. O inimigo entrou furtivamente no mundo perfeito de Deus e enganou com mentiras o casal feito à imagem divina. E, embora o plano redentor de Deus tenha restaurado o que a serpente destruiu, o inimigo continua a contar-nos mentiras até hoje. Ele diz que somos inúteis, fracas e fracassadas, que não somos dignas, inteligentes ou competentes para ter sucesso na vida.

E isso não é verdade.

Quando criou o mundo e encheu os oceanos de criaturas marinhas e os céus de criaturas com asas, quando iluminou a noite com estrelas e colocou o sol para brilhar durante o dia e a lua para clarear a escuridão, Deus realizou sua obra por meio de palavras. *"E disse Deus..."*, e tudo passou a existir (Gn 1.3-26). Deus falou, e o que não existia passou a existir.

> Mediante a palavra do SENHOR
> foram feitos os céus,
> e os corpos celestes, pelo sopro de sua boca.
>
> Salmos 33.6

E o que mais nos fascina é que, quando criou o homem à sua imagem, Deus lhe deu o poder da linguagem. Ele não dotou macacos, zebras ou elefantes com a capacidade da fala. Deu palavras somente ao homem. Nossas palavras também têm potencial criativo. A Bíblia diz que "a língua tem poder sobre a vida e sobre a morte" (Pv 18.21). Nossas palavras tornam-se o espelho no qual as outras pessoas se veem. Exercem influência sobre nossos filhos, marido, amigos e também sobre o mundo. Mas algumas das palavras mais poderosas que falamos são aquelas que ninguém ouve... as palavras que falamos a nós mesmas.

Por meio das palavras podemos transmitir vida ou morte a nós próprias. Pensamos cerca de 130 palavras por minuto, e nossa boca (a boca das mulheres) fala cerca de 25 mil palavras por dia. É um número muito grande. Dessas palavras, há uma quantidade considerável que dirigimos a nós mesmas ou pensamos a nosso respeito. A maioria dessa conversa íntima é inofensiva, como "O que vou fazer para o jantar?" ou "Onde deixei a escova de cabelo?" Algumas, no entanto, são muito destrutivas.

Dizer, por exemplo, "Sou cretina", "Sou idiota" ou "Nunca serei digna de conseguir alguma coisa" pode criar um padrão recorrente de pensamentos destrutivos que, com o tempo, paralisam a pessoa levando-a à inatividade. Repetidas com frequência, palavras negativas sobre nós ficam marcadas em nossa mente e, ao longo do tempo, passam a ser a nossa realidade. Se você repetir uma ideia falsa ou mentira por muitas vezes, começará a acreditar nela. Palavras como "Ninguém me ama",

"Não tenho nenhuma amiga" ou "Sou muito feia" passam a ser sua realidade... embora sejam uma realidade falsa. É possível que isso a aprisione na casa dos espelhos, deixando-a parada diante de um reflexo distorcido de quem realmente é.

As mentiras destrutivas e negativas do inimigo são como uma boneca de piche. Quanto mais você brincar com ela, quanto mais a abraçar, mais difícil será desgrudar-se dela. Cada vez que falamos uma mentira sobre nós mesmas, mais presas ficamos a ela. "Porque, como imagina em sua alma, assim [o homem] é" (Pv 23.7, RA).

O espelho de Deus

Quando olhamos no espelho de Deus, em sua maravilhosa carta de amor a nós, à qual damos o nome de Bíblia, descobrimos a verdade. Deus a ama de verdade (cf. Cl 3.12). Você tem uma nuvem inteira de testemunhas aplaudindo-a (cf. Hb 12.1). Você é a obra-prima de Deus... uma linda obra de arte (cf. Ef 2.10). Você é digna porque Cristo habita em você (cf. Jo 14.20). Você é uma filha amada e santa de Deus, uma filha escolhida por ele. Essa é a verdade. Vamos sair da casa dos espelhos e começar a nos ver como Deus nos vê.

João escreveu em uma de suas cartas: "Não tenho alegria maior do que ouvir que meus filhos estão andando na verdade" (3Jo 4). Creio que a maior alegria de Deus é saber que *seus* filhos estão andando na verdade. Quando andamos na verdade, as mentiras tornam-se visíveis. Podemos reconhecer a mentira, rejeitá-la e substituí-la pela verdade. Então, e somente então, seremos tudo o que Deus planejou que fôssemos ou fizéssemos. Teremos a vida plena que ele planejou para nós antes de existirmos.

Creio que Deus tem planos excelentes para todas nós — ele prometeu isto em sua Palavra.

> "Olho nenhum viu,
> ouvido nenhum ouviu,
> mente nenhuma imaginou
> o que Deus preparou
> para aqueles que o amam."
>
> 1Coríntios 2.9

Muitas de nós, porém, não temos vida plena porque não sabemos quem somos. Acreditamos nas mentiras de que somos mal-amadas, indignas e não merecemos perdão. Há muito tempo estamos olhando nos espelhos distorcidos. Deus deseja que olhemos no único espelho verdadeiro, o qual nos dirá exatamente quem somos, o que temos e qual é nossa posição como filhas de Deus — esse espelho é a Palavra divina.

É hora de começar a acreditar na verdade. É hora de ouvir Deus dizer: "Você é minha filha, e eu a amo; eu me agrado de você".

Você está pronta para sair da casa dos espelhos de uma vez por todas? Está pronta para começar a ver a si mesma como Deus a vê? Está pronta para começar a desfrutar a vida plena que Deus planejou para você desde o início dos tempos?

Vamos dar as mãos e começar a jornada de andar juntas na verdade.

PARTE 1
A batalha pela mente

2

Entenda a verdadeira identidade do inimigo

"O ladrão vem apenas para roubar, matar e destruir; eu vim para que tenham vida, e a tenham plenamente."

João 10.10

Mary Beth estava em pé diante do espelho do banheiro, escovando seus cabelos compridos até os ombros e olhando para o reflexo diante dela. Lembrou-se, como se fosse ontem, dos tempos em que era uma menina alegre e feliz saltando de uma barra a outra no *playground* da escola. Ah, que saudades dos dias em que sua maior preocupação era saber que cor de elástico usaria para prender o rabo de cavalo.

"Mamãe, veja isto", as lembranças ecoaram diante dela.

Festas de aniversário com um número cada vez maior de velinhas, bailes com *flashes* piscando de todos os lados, vestidos para matinês dançantes ao lado de um belo rapaz, apresentações de animação de torcida com vários admiradores, grupo de jovens da igreja com Bíblias abertas e pais despedindo-se com lágrimas nos olhos ao deixá-la no alojamento da faculdade. De repente, Bob surgiu em sua vida.

"Bob", ela sussurrou com os olhos cheios de lágrimas.

Bob e Mary Beth se conheceram em um grupo de ministério universitário quando ela cursava o penúltimo ano da faculdade. Bob era tudo o que a moça esperava encontrar em um marido:

bonito, ambicioso, espiritual e, acima de tudo, atencioso. Os pais de ambos sorriram radiantes ao ver o casal atravessar o corredor de tapete vermelho da igreja após prometer amor eterno.

Quinze anos depois, Mary Beth e Bob tinham uma casa hipotecada, três filhos, um cão, agendas lotadas e um casamento sem amor. Ocuparam-se tanto em cuidar da vida que se esqueceram de cuidar do amor.

Foi então que Jim apareceu. Ela lembrou-se do dia em que entrou apressada no supermercado para comprar pão.

— Mary Beth! É você?

— Jim! Prazer em vê-lo — ela disse quando se encontraram no corredor e se abraçaram como amigos. — Por onde tem andado? Quando voltou à cidade?

— Trabalhei na Europa nos últimos dez anos — Jim respondeu — mas agora estou de volta por uns tempos. Puxa, como você está linda! Ninguém lhe disse que você deveria *aparentar* mais idade com o *passar do tempo*? Eu adoraria estar tão bem assim. Você teria um tempinho para tomar uma xícara de café comigo?

O coração de Mary Beth bateu mais rápido. Há quanto tempo não ouvia alguém dizer que ela estava linda? Não se lembrava.

— Não, é melhor não. Preciso voltar para casa.

— Talvez na próxima vez — Jim disse. — Estou surpreso com sua ótima aparência.

— Ora, não diga isso — Mary Beth retrucou. — Você sempre foi galanteador. A gente se vê qualquer dia desses.

Nos meses seguintes, Mary Beth e Jim encontraram-se casualmente várias vezes. Ela passou a usar batom e a arrumar os cabelos antes de sair de casa, pensando na possibilidade de encontrá-lo. Sua mente começou a divagar, conjeturando como seria jantar à luz de velas na companhia de Jim. Imaginou-o estendendo a mão para segurar a dela, ou afastando uma mecha de cabelo de seu rosto.

No fundo de seu coração, Mary Beth sabia que essas divagações não eram saudáveis. Precisava pôr fim a elas; por isso planejou uma surpresa especial para Bob, na esperança de que uma noite romântica abafasse ou substituísse seus devaneios por Jim.

Ela se lembrou daquela data. As crianças foram passar a noite na casa de uma vizinha, o jantar foi preparado com perfeição, e, da sala à luz de velas, exalava uma fragrância de lavanda. Mary Beth preparou-se durante todo o dia para aquele jantar. O vestido justo e curto foi intencional, sem falar das roupas íntimas. O cabelo foi arrumado do jeito que ele gostava, e o corpo estava perfumado e macio, à espera de ser tocado.

— Alô — Mary Beth disse ao atender o telefone.

— Oi, querida. Ouça, vou me atrasar esta noite. Talvez nem vá para casa. Tenho uma reunião de emergência com a diretoria, e pelo jeito só vai terminar amanhã cedo. Ouvi dizer que a exportação para a China está perigando. Não temos nada planejado para esta noite, certo?

— Não — ela limitou-se a dizer.

— Está bem, eu a vejo depois.

"Não posso acreditar que Bob tenha feito isso. Ele só pensa no trabalho. Não posso mais viver assim. Isso não é um casamento. Não passa de um trabalho compartilhado. Eu tentei. Não deu certo. Não acredito que Deus queira que eu viva dessa maneira. Sei que ele tem planos melhores para mim."

Mary Beth pegou sua agenda e procurou o cartão de visitas com um número rabiscado no verso.

— Alô — Jim disse ao atender o telefone.
— Oi, Jim. É Mary Beth. Aceita tomar uma xícara de café comigo antes de dormir?

Houve muitas outras xícaras de café e encontros planejados após aquela noite. Três meses depois, Mary Beth e Jim consumaram a aventura amorosa.

A tentação transformou-se em condenação. O fruto proibido apodreceu a alma de Mary Beth, e ela queria morrer.

Ao olhar para o frasco de soníferos que o médico prescrevera, ela pensou que seria muito fácil terminar com tudo aquilo... Naquele exato momento.

O ESTRATAGEMA DO INIMIGO

Eu gostaria de dizer que essa história que acabei de mencionar faz parte da série *Desperate housewives*, mas não faz. Trata-se de uma história comum que ouço repetidas vezes. Os nomes mudam, mas o enredo é o mesmo. E isso me deixa furiosa, não com as mulheres que abrem o coração para mim, mas com o inimigo que mente para elas. Com o inimigo que sussurra que Deus as está enganando — que elas seriam felizes se agissem de outra forma ou se as coisas fossem diferentes.

E isso não é novidade. É a velha história iniciada no jardim do Éden, com o mesmo antagonista convencendo a primeira mulher a cair em seu calabouço de ruína. Mas estou me antecipando. Vamos começar do começo.

Cinco dias após o início da criação, o Criador do Universo olhou para tudo o que havia feito e não ficou completamente satisfeito. Sim, quando o sol se pôs nos cinco primeiros dias do calendário do Reino de Deus, ele disse: "Ficou bom". Mas faltava alguma coisa. Algo mais. Alguém mais.

O palco foi montado para o ato 6. A cortina se levantou. Tudo precisava estar perfeito para o *grand finale* de Deus. Os anjos reuniram-se ao ouvir Deus anunciar a última cena do grande drama intitulado "No princípio".

Deus começou com um aviso: "Façamos o homem à nossa imagem". Esse ser será diferente dos demais. Com corpo, alma e espírito, o homem terá um relacionamento pessoal e íntimo com o Criador. Será um pouco menor que os anjos e dominará todos os animais, aves e peixes. O homem será amigo de Deus.

Deus ajoelhou-se no chão, pegou um punhado de terra, Misturou-o com saliva e começou a formar a criação mais esplêndida já concebida até hoje. Com as pontas dos dedos, Deus modelou as partes internas do homem: vasos capilares, terminações nervosas, células cerebrais, folículos capilares, cílios, papilas gustativas. Com muito cuidado e determinação, o Artista criou uma obra-prima divina.

E, enquanto a forma sem vida estava deitada diante da plateia celestial, Deus colocou a boca em suas narinas e soprou vida em seus pulmões. O coração do homem começou a bater, os pulmões começaram a expandir-se, e os olhos começaram a tremular e abrir-se. E a cortina começou a descer sobre o palco; era o sexto dia da criação.

"Espere!", o Criador disse. "Minha obra ainda não chegou ao fim. Não é bom que o homem esteja só. Vou criar uma auxiliadora apropriada para ele. Uma companheira igual a ele, mas, ao mesmo tempo, muito diferente".

E assim Deus — o Nós, o três em um — começou a modelar o *grand finale*... a mulher.

Entendeu agora? Você é capaz de sentir a euforia dos anjos voando baixo sobre a cena? O ser humano foi diferenciado das outras criações, desde o início dos tempos. O homem e a mulher foram criados com uma finalidade específica, como seres feitos à imagem de Deus para dominar a terra.

Porém, havia entre os espectadores alguém com má intenção. Sim, ele figurava entre os seres angelicais criados por Deus. Aliás, era um dos mais bonitos. Mas não estava feliz com a criação de Deus. Algum tempo antes, esse ser angelical mostrou-se insatisfeito com a posição que ocupava na hierarquia celestial. Queria elevar-se acima de Deus. Embora houvesse sido criado para levar a luz, ele rebelou-se e foi expulso do céu, passando a ser conhecido como Príncipe das Trevas.

E agora havia os *seres humanos*... Criados à imagem de Deus. O inimigo não estava nada satisfeito. Tão logo Adão e Eva se levantaram no palco, o Príncipe das Trevas começou a planejar a morte deles. Já que ele caiu, queria levar consigo o maior número desses seres criados à imagem de Deus, e o mais rápido possível.

Adão e Eva viviam em um mundo perfeito. Tinham tudo de que necessitavam. Tinham comunhão perfeita com Deus e entre si. "Viviam nus, e não sentiam vergonha." A única restrição imposta era que não comessem da árvore do conhecimento do bem e do mal, localizada no meio do jardim. Deus advertiu a Adão: "No dia em que dela comer, certamente você morrerá".

Enquanto o casal se aquecia sob a luz do amor divino, o Príncipe das Trevas entrou sorrateiramente no jardim com seu plano de roubar, matar e destruir os seres criados à imagem de Deus. E como ele fez isso? Usou a arma mais poderosa de todas: a mentira.

As mentiras do inimigo

"Ora, a serpente..." O grande enganador vestiu-se de serpente e aproximou-se de Eva com um plano para destruir a obra mais valorizada de Deus. O grande enganador não veio com espada ou arma na mão, nem com uma faca para atacar. Veio simplesmente empunhando mentiras.

A serpente sabia que Adão e Eva não aceitariam uma mentira tão evidente a respeito de Deus; por isso, entrou sorrateiramente no jardim empunhando uma verdade desvirtuada. Começou a investida provocando dúvida em Eva. "Foi isto mesmo que Deus disse: 'Não comam de nenhum fruto das árvores do jardim'?" (Gn 3.1).

Satanás sabia *exatamente* o que Deus dissera. Estava simplesmente tentando confundir Eva. Talvez estivesse avaliando até que ponto ela conhecia a verdade. E descobriu, pois Eva respondeu: "Podemos comer do fruto das árvores do jardim, mas Deus disse: 'Não comam do fruto da árvore que está no meio do jardim, nem toquem nele; do contrário vocês morrerão'"(v. 3).

Bingo! Ela não conhecia totalmente a verdade. Deus não mencionou que não deveriam tocar no fruto. Isso pode parecer uma boa ideia, mas não foi o que Deus disse.

Naquele momento Satanás não tentou sequer disfarçar o embuste. Contou uma mentira deslavada. "Certamente *não* morrerão!" (v. 4). E concluiu dizendo a Eva que ela poderia ser igual a Deus. "Deus sabe que, no dia em que dele comerem, seus olhos se abrirão, e vocês, como Deus, serão conhecedores do bem e do mal" (v. 5). Em outras palavras: "Deus não sabe o que está falando. Ele não está informando vocês corretamente. Vocês não precisam dele. Podem ser seus próprios deuses".

Eva desprezou a verdade e acreditou na mentira. Acreditou que poderia ser igual a Deus, controlar a própria vida. "Quando a mulher viu que a árvore parecia agradável ao paladar, era atraente aos olhos e, além disso, desejável para dela se obter discernimento, tomou do seu fruto, comeu-o e o deu a seu marido, que comeu também" (v. 6).

E, assim que Eva cravou os dentes no fruto proibido, ele se alojou em sua alma e fermentou, transformando-se em vergonha e condenação. O marido de Eva também sentiu a podridão repugnante do pecado instalar-se em sua alma. De repente, a vergonha e o medo entraram no mundo, e Adão e Eva esconderam-se de Deus como crianças birrentas.

Toda tentação tem o objetivo de induzir-nos a viver independentes de Deus. Satanás não é muito criativo, mas é muito eficiente. E desde aquela época ele mente para nós. Por quê? Porque funciona.

Cada mentira dele brota da ideia de que a felicidade está ao alcance de todos. Satanás quer que você acredite que Deus está omitindo informações. "Você pode ser igual a Deus. Pode ser seu próprio deus." Em vez de instruir-nos a ser agradecidas pelo que temos, ele aponta para o que não possuímos. Pense nisso. Eva tinha à disposição todas as árvores do jardim, menos uma. Todas as árvores. Que banquete generoso! Mas, em vez de ser agradecida, ela aceitou a mentira de que a única coisa que não podia ter era aquela que a faria feliz. "Eu seria feliz se..." Isso lhe parece familiar? Deveria. Satanás usa conosco as mesmas táticas que usou com Eva.

Eva preferiu acreditar na mentira do inimigo a acreditar na verdade de Deus. O plano do inimigo funcionou. Mas havia um fato que a serpente desconhecia: o maravilhoso plano de Deus, de perdão e graça, estava prestes a ser exposto. Satanás não venceu a batalha no Éden pela alma do homem. Jesus Cristo venceu a guerra na cruz do Calvário. Quando disse: "Está consumado!" e deu o último suspiro, Jesus abriu caminho para que a humanidade inteira reconquistasse tudo o que Adão e Eva haviam perdido.

A CONSEQUÊNCIA DO PECADO

Depois que comeram da árvore do conhecimento do bem e do mal, Adão e Eva perceberam que estavam nus e sentiram vergonha. Por isso, esconderam-se.

Durante a brisa do dia, Deus chegou para passear com seus amigos, mas não os encontrou. Claro que ele sabia onde estavam. Ele sempre sabe. Mas decidiu chamar o homem: "Onde está você?".

Adão e Eva apareceram detrás das árvores, vestidos com folhas de figueira e com o rosto abatido. Admitiram o que haviam feito... quer dizer, mais ou menos. Adão pôs a culpa na desobediência de Eva, Eva pôs a culpa nas ações de Satanás, e Satanás... bem, imagino que ele tenha rido de orelha a orelha.

Deus amaldiçoou a serpente e predisse que enviaria alguém para ferir-lhe a cabeça. Eva foi amaldiçoada com dores de parto e o desejo de controlar o marido. Adão foi amaldiçoado com trabalho pesado na terra e pouco resultado. No entanto, o castigo mais doloroso de todos foi a separação em relação a Deus e a morte espiritual.

Deus expulsou Adão e Eva do jardim do Éden, cuja entrada passou a ser guardada por querubins e por uma espada flamejante, para impedir a entrada do casal. Chego quase a ouvir Eva dizer, enquanto saía do jardim em direção ao caminho do fracasso e da derrota: "Como isso aconteceu? O que eu fiz? Como pude ser tão tola?". Diga-me a verdade: você não pensou a mesma coisa depois de ter aceitado as mentiras do inimigo e sucumbido às sugestões dele?

Há não muito tempo ela possuía tudo! Era o começo de todas as coisas. O holofote do "no princípio" brilhou sobre Eva e desapareceu rapidamente: a primeira mulher, a primeira esposa, a primeira a acreditar nas mentiras do inimigo. Ah, sim, ela foi a primeira mulher em muita coisa, mas não foi a última.

O plano do Salvador

Felizmente, Deus fez questão de registrar, em detalhes, *como tudo aconteceu*, para que aprendamos com os erros de Eva e estejamos preparadas quando o inimigo também nos atacar. Satanás continua a contar mentiras a respeito do fruto proibido, e seu objetivo é o mesmo desde o início dos tempos — roubar, matar e destruir (cf. Jo 10.10). Da mesma forma que o comandante de um exército estuda as táticas do adversário, temos o plano de batalha do inimigo, fornecido por Deus para que examinemos minuciosamente. De Gênesis a Apocalipse, a Bíblia nos revela o que o inimigo faz e como faz. Dessa forma, e assim não ignoramos as intenções de nosso oponente (cf. 2Co 2.11).

E esta é a boa notícia: a batalha já foi vencida. Jesus veio "para destruir as obras do Diabo" (1Jo 3.8), e as destruiu. Cabe a nós conhecer a verdade, acreditar na verdade e andar na verdade acerca do que Jesus fez por nós na cruz.

Enquanto andava pelo deserto do Arizona, um homem deparou com uma cascavel. Ele pegou uma enxada no fundo de seu baú e matou o animal, decepando-lhe a cabeça. Para sua grande surpresa, a cascavel decapitada continuou a vibrar a cauda, emitindo o som característico de seu guizo, ameaçando dar-lhe o bote. "O pior de tudo", o homem contou, "foi que, apesar de eu ter decepado a cabeça dela e saber que estava morta, continuei a recuar de medo".[1]

A cabeça de Satanás foi decepada. Ele perdeu a batalha, mas continua a vibrar a cauda para desviar nossa atenção da realidade de sua derrota. E, apesar de ter sido derrotado, seu objetivo é fazer-nos acreditar que ele ainda está no controle.

Em resumo, esta é a verdade que precisamos entender: Deus criou o homem à sua imagem. Satanás enganou o homem com uma mentira, dizendo que o ser humano poderia ser igual a Deus. O homem trocou a verdade pela mentira e, apesar de seu corpo viver por um período de tempo e a alma viver por toda a eternidade, seu espírito morreu totalmente no exato momento da desobediência. Todas as pessoas nascidas após aquele acontecimento vieram ao mundo com corpo e alma vivos, mas com um espírito morto (cf. Rm 5.12; Ef 2.1; 1Co 15.21-22). Mas, assim que Eva mordeu o fruto proibido, a sombra da cruz apareceu no horizonte. O Antigo Testamento inteiro aponta para aquele momento decisivo no alto do Calvário, quando Jesus quebrou as correntes do inferno que nos prendiam e libertou-nos do castigo do pecado.

No instante em que aceitamos Jesus Cristo como nosso Salvador e permitimos que ele seja o Senhor de nossa vida, nós nascemos de novo — tornamo-nos nova criação (cf. 2Co 5.17).

Nessa ocasião, além de receber a promessa do céu por toda a eternidade, recebemos uma nova identidade.

Quando entendemos quem somos em Cristo, onde estamos em Cristo e o que temos em Cristo, andamos em vitória nas tempestades da vida, em plenitude nos dias áridos e em liberdade nos confins da terra.²

No entanto, minha amiga, Satanás não para de tentá-la depois que você se torna cristã. Ele sabe quem você é, o que tem e que posição ocupa como filha de Deus. Sabe que você é uma filha escolhida, aceita, adotada, preparada, preciosa, justificada, reconciliada, redimida, reta, livre da condenação, santa, selada e totalmente perdoada. A missão dele é impedi-la de andar na verdade acerca de quem você é, e ele continua a usar as mesmas táticas que usou com Eva. Por isso, é muito importante entender o que aconteceu no Éden. Precisamos reconhecer as táticas de Satanás para enfrentar a batalha que ele trava visando à nossa mente.

Paulo exorta-nos: "Vistam toda a armadura de Deus, para poderem ficar firmes contra as ciladas do Diabo" (Ef 6.11), mas os cristãos costumam agir como "guerreiros de olhos vendados. Sem saber quem é o nosso inimigo, lutamos uns com os outros".³ Vamos, então, conhecer quem esse inimigo realmente é.

O INIMIGO REVELADO

Quem Satanás é realmente? Seu nome significa "adversário, aquele que resiste". Ele é um ser criado. Da mesma forma que criou o homem, Deus também criou Satanás. Ah, mas Deus não criou o ser maligno que conhecemos hoje. Criou um anjo chamado Lúcifer, nome que significa "estrela da manhã". No entanto, Lúcifer, tal qual o homem, também tinha livre-arbítrio. Um dia, ele decidiu rebelar-se contra Deus e foi expulso do céu com um terço dos anjos. Não conhecemos os detalhes exatos da expulsão de Satanás do céu, mas dois profetas, Ezequiel e Isaías, fazem alusão a isso (cf. Ez 28.12-17; Is 14.12-15).

De uma coisa sabemos com certeza. Jesus disse: "Eu vi Satanás caindo do céu como relâmpago" (Lc 10.18). Jesus estava lá. Precisamos lembrar sempre que, embora Jesus tenha vindo à terra em forma de homem em determinada época da História, ele *era* antes do início da História. "No princípio era aquele que é a Palavra. Ele estava com Deus, e era Deus. Ele estava com Deus no princípio" (Jo 1.1-2). Jesus era. Jesus é. Jesus sempre será.

Quando foi expulso do céu, Satanás quis levar mais de um terço dos anjos com ele para a condenação final, que ocorrerá nos últimos dias. E ele quer levar com ele o maior número possível de almas.

O inimigo é conhecido por muitos nomes: príncipe dos demônios (Lc 11.15), o deus desta era (2Co 4.4), príncipe do poder do ar (Ef 2.2), acusador (Ap 12.10), pai da mentira (Jo 8.44), enganador (Gn 3.13), antiga serpente e grande dragão (Ap 12.9). Cada um desses nomes revela algo sobre sua natureza e suas táticas.

"A Bíblia descreve-o opondo-se à obra de Deus (Zc 3.1), deturpando a Palavra de Deus (Mt 4.6), atrapalhando o servo de Deus (1Ts 2.18), obscurecendo o evangelho (2Co 4.4), enganando o justo (1Tm 3.7) e confinando o mundo em seu poder (1Jo 5.)".[4] Satanás não pode habitar no cristão verdadeiro porque o cristão verdadeiro é selado e habitado pelo Espírito Santo. No entanto, Satanás pode ridicularizar, tentar e perturbar o cristão incutindo ideias e pensamentos em sua mente. Ele nos faz acreditar nos pensamentos dele como se fossem nossos, a fim de nos levar a agir em desobediência a Deus. Mas ele não pode nos *obrigar* a fazer nada. A escolha é sempre nossa. Ele simplesmente sugere.

O MUNDO

Meu irmão tinha cerca de 4 anos quando decidiu pegar uma caixa de fósforos e um punhado de velas tipo estrelinha para ver como funcionavam. Alguém lhe contara que as estrelinhas brilhavam mais na escuridão, por isso ele escolheu o lugar mais escuro da casa da vovó... o guarda-roupa.

Depois de entrar sorrateiramente naquele móvel escuro, meu irmão se agachou no meio dos vestidos e casacos e acendeu o primeiro fósforo. Imediatamente as velas começaram a lançar faíscas em todas as direções. Em questão de segundos, Stewart notou que não havia apenas estrelinhas brilhando. As roupas da vovó estavam em chamas. (Tenho a satisfação de dizer que Stewart não sofreu nenhum dano, a não ser a surra que levou da vovó.)

Amigas, não precisamos entrar no guarda-roupa para encontrar escuridão ou trevas. Elas estão à nossa espera no momento em que saímos de casa, ligamos o aparelho de TV ou assistimos ao noticiário da noite. O mundo está cheio de trevas em todos os lugares. Satanás não é o nosso único inimigo. A Bíblia diz que nossa luta é contra o mundo, contra a carne e contra as forças do mal.

Qual o significado exato de *mundo*? Na Bíblia há várias definições. Às vezes *mundo* refere-se a todas as pessoas do Universo: "Porque Deus tanto amou o *mundo* que deu o seu Filho Unigênito" (Jo 3.16). Em alguns casos *mundo* refere-se ao planeta Terra. Em outros, refere-se aos valores e tradições seculares. É a esse mundo que Paulo se refere quando diz: "Não se amoldem ao padrão deste *mundo*" (Rm 12.2). Jesus disse que o mundo o odiava e que não nos deveríamos surpreender se também nos odiasse (cf. Jo 15.18-19). Os dois textos referem-se aos valores do mundo, ou seja, a maneiras de pensar.

A Bíblia também nos diz que "o mundo todo está sob o poder do Maligno" (1Jo 5.19). Alguém diria que estamos discutindo detalhes sem importância. Mas, quando pensamos no poder do inimigo e na força dos sistemas mundanos, vemos que são a mesma coisa. Neste momento, os sistemas mundanos estão sendo fortemente influenciados pelo Maligno.

Há, porém, uma esperança. Jesus disse: "Tenham ânimo! Eu venci o mundo" (Jo 16.33). Enquanto vivermos neste mundo, sentiremos sua força. Mas Deus nos garante que temos as armas necessárias para vencer o mundo (cf. 1Jo 5.4-5). Temos o poder do Espírito Santo, que habita em nós, e fé no Vitorioso, que opera por nosso intermédio.

A carne

Há outro inimigo nessa batalha pela mente: a carne. Recebemos mensagens a nosso respeito desde que nascemos; algumas verdadeiras, outras falsas. Passamos a vida fazendo tudo o que, a nosso ver, é necessário para nos sentir protegidas, seguras e importantes. No período entre o dia em que nascemos fisicamente e o dia em que nascemos espiritualmente (o novo nascimento), adquirimos certos hábitos, tanto na maneira de agir como no modo de pensar. Nossa natureza carnal é responsável pelo conflito entre nossa submissão a Deus para receber tudo aquilo de que necessitamos e nossa maneira peculiar de usar a força e os meios de que dispomos.

Conforme ocorre com a palavra *mundo*, a palavra *carne* tem vários significados na Bíblia. Um deles refere-se ao nosso corpo físico, isto é, carne e ossos. A Bíblia diz: "Aquele que é a Palavra tornou-se carne e viveu entre nós" (Jo 1.14). Jesus veio ao mundo em um corpo físico: carne e sangue.

Há, porém, outro significado da palavra *carne*. Refere-se a nossos pensamentos e ações pecaminosos que se desenvolvem ao longo do tempo. É o nosso mecanismo para conseguir o que desejamos, sem a ajuda de Deus. Assim que nos tornamos cristãs, o desejo de fazer tudo à nossa maneira e com nossas forças, sem pedir a ajuda divina, não desaparece instantaneamente. Ninguém aperta a tecla "delete" para apagar nossa antiga programação. Daquele momento em diante há uma luta entre a carne, com seu dispositivo defeituoso de pensamentos e ações egoístas, e o espírito, cujo desejo é agradar a Deus.

Quando aceitamos Jesus Cristo no coração, nascemos de novo e temos um novo espírito dentro de nós. Somos salvas do castigo do pecado. No entanto, enquanto vivermos neste corpo terreno, teremos de lutar contra o poder do pecado. Os antigos desejos carnais guerreiam contra os novos desejos espirituais. Além de lutar contra o mundo externo, lutamos contra a carne em nosso interior — mente, vontade e emoções.

Eu e minha família moramos à beira de um lago; somos abençoados e, ao mesmo tempo, importunados com a presença de várias espécies de aves. De vez em quando, somos surpreendidos com a presença de gansos canadenses que não pedem permissão para invadir nosso espaço e precisam voltar para o Norte, de onde vieram. Curiosamente, alguns desses visitantes confusos param na metade do caminho e decidem que os estacionamentos dos *shopping centers* são lugares excelentes para dar início a uma família. O casal de gansos faz o ninho sob uma árvore, onde a mamãe gansa bota os ovos. A mamãe gansa cumpre sua tarefa de chocar os ovos, e o papai ganso cumpre sua tarefa de proteger a família. Ele grasna e lança sujeira nos clientes do *shopping* que estão ali apenas para fazer compras, investe contra crianças curiosas e age como se fosse dono do lugar.

Um dia, vi um ganso caminhar, com seu andar gingado, em direção a uma mini*van* e começar a atacar furiosamente uma das calotas. O ganso confundiu-se ao ver o próprio reflexo na calota e não tinha ideia de que estava lutando com sua própria imagem, chegando quase a quebrar o bico.

Ora, minha amiga, precisamos aprender a substituir as mentiras pela verdade e desprezar a "verdade" do inimigo; mas às vezes precisamos entender também que estamos lutando contra nossas más escolhas e fraquezas. Satanás, claro, observa isso e tira vantagem desses equívocos. É assim que qualquer adversário consegue ser vitorioso. Temos, porém, de assumir a responsabilidade por nossas escolhas carnais e admitir nossos pecados, confessar os erros e nos arrepender — dar meia-volta e seguir na direção oposta.

O mundo, a carne e o Maligno estão interligados a tal ponto que é difícil separá-los. Satanás é o condutor principal do trem das mentiras, e o está dirigindo rumo a um precipício. Mas lembre-se: ele não pode *obrigá-la* a nada. Sempre temos escolha. Deus sempre providencia um escape (cf. 1Co 10.13).

A vitória

Não devemos jamais procurar encrencas. Não precisamos procurar motivos para lutar com o inimigo. Ao derrotar Satanás na cruz do Calvário, Jesus não o confrontou abertamente; apenas cumpriu o destino para o qual havia sido chamado. Da mesma forma, derrotamos o inimigo todas as vezes que trocamos uma mentira pela verdade de Deus, sufocamos nossos desejos para obedecer aos mandamentos dele e andamos na fé em vez de correr de medo.

"A maior de todas as batalhas vencidas até hoje foi a aparente morte do vitorioso, sem proferir uma só palavra de reprovação a seu adversário! O príncipe deste mundo foi julgado, e os principados e potestades não foram desarmados por uma guerra de confrontos, mas pela rendição de Jesus na cruz".[5]

A Bíblia descreve Satanás como um leão rugindo à procura de alguém para devorar. O leão ruge para atemorizar a presa. Mas não precisamos ter medo. Esse leão, embora possa rugir, não tem dentes, e nunca ouvi falar de um animal que tenha matado sua presa apenas com as gengivas.

A finalidade deste capítulo é expor a verdadeira identidade do inimigo. Contudo, nunca devemos nos concentrar nele. Nossa atenção deve ser dirigida ao Salvador Vitorioso, o Filho unigênito de Deus, que derrotou o inimigo na cruz. Jesus Cristo reina soberanamente, e os anjos ministradores nos cercam por todos os lados (cf. Hb 1.14). "Aquele que está em vocês é maior do que aquele que está no mundo" (1Jo 4.4).

> Volte os olhos para Jesus,
> Olhe para seu rosto maravilhoso,
> E tudo o que há na terra ficará obscurecido
> Diante da luz de sua glória e graça.
>
> Helen H. Lemmel

Agora conhecemos a verdadeira identidade do inimigo. E, o que é mais importante, conhecemos o Salvador que o derrotou.

3

Reconheça as mentiras

"E conhecerão a verdade, e a verdade os libertará."

João 8.32

Certa ocasião, recebi a seguinte carta:

> Querida Sharon,
> Encontrei seu *e-mail* em seu *site*. Estava procurando informações sobre o que a Bíblia diz a respeito de aventuras amorosas. De repente, deparei com sua página na internet. Estou com a intenção de destruir minha vida. A vida com meu marido nunca foi boa — eu diria medíocre, na melhor das hipóteses. Estou me esforçando muito para melhorar minha aparência a fim de que outros homens me notem e me desejem. Temos quatro filhos, e sou totalmente infeliz. Meu marido está prestando serviço militar em um campo de treinamento de recrutas. Estou feliz por ele ter ido embora.
> Estou disposta a ter uma aventura amorosa com qualquer um, só para fugir do casamento. Não quero olhar para trás e achar que poderia ter sido feliz com outra pessoa. Tenho a sensação de estar presa na armadilha de um casamento sem amor. Quero o divórcio.

Você é capaz de ver o inimigo esfregando as mãos de ansiedade? Aposto que ele estremeceu quando ela clicou o botão "Enviar" na tela do computador para me enviar essa mensagem. "Ah, não", ele deve ter dito. "Isso vai estragar tudo". Ele sabia que eu a ajudaria a reconhecer a mentira.

A MESMA HISTÓRIA DE SEMPRE

Se você pensar nas palavras dessa carta, verá que não são diferentes das mentiras nas quais Eva acreditou enquanto estava no Éden. "Deus está omitindo informações... Eu seria feliz se... Vou passar a controlar esta situação... Danem-se as consequências. Qualquer coisa será melhor que isso".

Quando ouço histórias de mulheres subjugadas pelo desânimo e desespero, sinto um aperto no coração. Não foi isso que Deus tinha em mente quando enviou seu Filho, Jesus Cristo, ao mundo para morrer na cruz do Calvário, sair daquele túmulo escuro e deixar o alto do monte para subir ao céu. Não foi isso que Deus planejou para sua noiva quando deu a ela o dom e o poder do Espírito Santo. Não. Jesus disse: "Eu vim para que tenham vida, e a tenham plenamente" (Jo 10.10). O que aconteceu, então, para impedir o fluxo de vida plena no coração de homens e mulheres? Por que nossa vida não é vitoriosa? Onde está a água viva? Creio que o fluxo foi interrompido porque estamos acreditando nas mentiras, não na verdade.

Robert McGee, autor de *Search for Significance* [A busca pela relevância], escreveu:

> Um dos maiores passos que podemos dar para glorificar a Cristo e andar em paz e alegria com nosso Pai celestial é reconhecer a falácia que nos tem aprisionado. As mentiras de Satanás distorcem nossa visão verdadeira, deformam nossos pensamentos e produzem emoções dolorosas. Se não conseguirmos identificar essas mentiras, é bem provável que continuaremos a ser derrotados por elas.[1]

O texto de João 10.10 revela não só a intenção de Jesus para que tenhamos vida plena, mas também a intenção do inimigo de impedi-la: "O ladrão vem apenas para roubar, matar e destruir; eu vim para que tenham vida, e a tenham plenamente". Já conhecemos a verdadeira identidade do inimigo, e ele está fazendo o possível para impedir que os cristãos tenham vida em plenitude. Seu objetivo maior é destruir-nos completamente, e seu *modus operandi* se baseia em mentiras.

A Bíblia diz: "... pois não ignoramos as suas [de Satanás] *intenções*" (2Co 2.11). "Vistam toda a armadura de Deus, para poderem ficar firmes contra as *ciladas* do Diabo" (Ef 6.11). As intenções e ciladas do Maligno incluem o plano gradual e progressivo de uma mentira atrás da outra. Ele começa devagar e vai abrindo caminho para heresias cada vez mais destrutivas e desastrosas. Para impedir essa progressão, precisamos seguir a sugestão de Barney Fife no programa *The Andy Griffith Show*: "Mate-a no nascedouro. Reconheça a mentira no momento em que ela entrar em sua mente".

E a única maneira de reconhecer a mentira é conhecendo a verdade. Precisamos conhecer a verdade para que, quando surgir algo que tente imitá-la, percebamos imediatamente que ali falta autenticidade.

Quando uma pessoa está treinando para ser caixa de banco, ela aprende a identificar notas falsas. No entanto, os instrutores não ensinam a identificar o dinheiro falso. Ao contrário, ensinam a identificar o dinheiro verdadeiro. Eles analisam as marcas e as cores e usam o tato para que, quando aparecer uma nota falsa, o caixa saiba identificá-la. D. L. Moody disse certa vez: "A melhor maneira de provar que uma vareta está torta não é discutindo a respeito dela nem gastando tempo em denunciá-la, mas colocando-a ao lado de uma vareta reta".[2]

Pensamento malcheiroso

Martha também estava frustrada com seu casamento. Sonhara casar-se com um cavaleiro vestido em uma armadura brilhante, o qual despejaria pétalas de flores em seu travesseiro, sentiria atração por sua beleza e, de tempos em tempos, lhe juraria amor eterno. Sonhara ter três filhos amorosos, obedientes e bem-comportados, para vesti-los com roupas bonitas e vê-los desfilar no corredor da igreja aos domingos. Teria uma casa sempre em ordem, um jardim bem cuidado, dois banheiros e um lavabo, e decoração perfeita. Ela seria uma dona de casa feliz que limparia alegremente o chão da linda cozinha, trajando calça cáqui manequim 38, blusa chique folgada e cabelos cortados por um excelente profissional. Podia até visualizar o sr. Ideal piscando para ela no canto da sala, dando-lhe total aprovação.

A vida, porém, não foi como Martha esperava. O cavaleiro chegou, mas sua armadura começou a perder o brilho logo após o "sim". Ele deixava meias sujas no chão, tinha paixão pelo controle remoto da TV e mal notava o esforço dela para manter a casa limpa e organizada.

"Com certeza esta vida não é a que eu esperava", ela pensou. "Estou cansada, e ninguém me valoriza. Romantismo, é isso que eu quero. Este homem não sabe o que é romantismo, mesmo que esteja a um palmo do nariz dele. Por que devo cuidar de minha aparência? Ele não se preocupa com a dele. Veja aquela barriga. E ele ainda tem coragem de dizer que estou engordando? Ele ainda não viu nada. Cometi um erro enorme. Quero encontrar alguém que me ame e me valorize. Será que estou pedindo muito? E as crianças? Nunca fazem o que peço. São desobedientes, falam alto e fazem bagunça. Não me lembro da última vez que vi o chão limpo, e não gosto nada de limpá-lo. A propósito, onde é que foi parar o sr. Ideal?"

O inimigo entrou sorrateiramente, sem que Martha percebesse. As expectativas frustradas tornaram-se solo fértil para o desenvolvimento das mentiras. Ele plantou as sementes do descontentamento, uma decepção por vez. Em vez de pensar em melhorar o casamento, Martha começou a pensar em livrar-se dele. Em vez de curtir os filhos, ela detestava a energia deles. Em vez de ser grata por ter um lar e uma família para cuidar, ela reclamava da sujeira.

"Martha precisa entregar a vida a Jesus", você diria. Ela a entregou. É cristã e, por isso, além das decepções com a vida, carrega um sentimento de culpa. "Sou uma péssima cristã", ela pensa. "Se fosse uma boa cristã, seria feliz. O que há de errado comigo?"

A marca registrada do inimigo está impressa na mente dessa mulher. Ele a conduziu pela estrada do pensamento malcheiroso. Embora Martha imagine que esses pensamentos sejam seus, é o inimigo quem faz as sugestões. Ela simplesmente as aceita e apropria-se delas, transformando-as em sua versão da realidade — em sua versão da verdade. Mas essa não é a verdade de Deus. Quando conhecemos a verdade, as mentiras destacam-se como um elefante de duas toneladas no meio de um rebanho de ovelhas.

O MEDIDOR DA VERDADE

Em Filipenses 4.8-9 Paulo dá-nos um detector de mentiras eficiente para filtrar nossos pensamentos.

> Finalmente, irmãos, tudo o que for verdadeiro, tudo o que for nobre, tudo o que for correto, tudo o que for puro, tudo o que for amável, tudo o que for de boa fama, se houver algo de excelente ou digno de louvor, pensem nessas coisas. Ponham em prática tudo o que vocês aprenderam, receberam, ouviram e viram em mim. E o Deus da paz estará com vocês.

Há muito que pensar a respeito dessas palavras. Mas a boa notícia é que não estamos à deriva. Deus concedeu-nos o poder do Espírito Santo para capacitar-nos a fazer tudo o que ele pede que façamos.

Paulo não apresenta apenas a lista dos requisitos; ele também apresenta os meios para implementá-la. Tudo o que vocês aprenderam, receberam, ouviram e viram em mim *ponham em prática!*

Exige prática. Pratiquem, pratiquem, *pratiquem!*

E veja o resultado: "E o Deus da paz estará com vocês".

Neste livro, vamos nos concentrar apenas no primeiro mandamento: "tudo o que for verdadeiro". Se algum pensamento começar por "e se", não será verdadeiro, porque se trata de uma preocupação com algo que não aconteceu. Não é a realidade. E se algum pensamento começar por "se ao menos", não será verdadeiro, porque lamenta algo que aconteceu — e não podemos fazer nada quanto a isso. "Tão logo determinamos o que é verdadeiro e real", escreve Elizabeth George, "podemos agir de acordo com fatos concretos e exatos, não de acordo com nossas sensações e fantasias".[3] As emoções são poderosas. Mas, se quisermos andar em vitória e sobrepujar nossas sensações vacilantes, precisamos, antes de tudo, reconhecer as mentiras e substituí-las pela verdade.

Aqui está outra dica: se você não tem certeza se o pensamento procede de Deus ou do inimigo, acrescente "em nome de Jesus" no final da frase. Por exemplo: "Eu detesto aquela mulher, em nome de Jesus" ou "Não posso mais fazer isso, em nome de Jesus". Hum. Alguma coisa não se encaixa, certo?

Preste atenção

O despertador de meu marido toca às 5h30 todos os dias úteis da semana. Ele sai da cama, barbeia-se, escova os dentes, veste-se e coloca o molho de chaves no bolso. Limpa a garganta, assoa o nariz e... faz outros ruídos também. Quando ele abre e fecha a porta de acesso à garagem, o alarme instalado no quarto emite três bipes, bem alto. Isso acontece todos os dias, e não ouço nada. Estou dormindo. Meu corpo está tão acostumado a essa rotina que não ouço nenhum ruído.

Às vezes, acostumamo-nos tanto às mentiras que não percebemos o ruído. O alarme emite bipes, mas não damos atenção ao sinal de alerta. Nossos sentidos estão amortecidos.

Periodicamente, Davi conversava consigo mesmo. Em um dos salmos, ele escreveu: "Acorde, minha alma!" (Sl 57.8). A palavra hebraica traduzida por "acorde" também poderia ser traduzida por "Preste atenção! Abra os olhos!".

Acostumamo-nos tanto às mentiras que não notamos a presença delas. Portanto, é tempo de acordar. Preste atenção! Esteja alerta! Vigie! Não se deixe levar pelas mentiras sussurradas por Satanás sobre quem você é, o que tem e onde está. "Acorde, minha alma!". Para vencer a guerra, precisamos acordar para a batalha e ficar imunes às mentiras.

Prepare-se para decolar

"Lá vamos nós de novo", pensei enquanto a comissária de voo começava a dar suas instruções rotineiras. Peguei o último exemplar da revista de bordo enfiada no bolso do assento diante de mim e comecei a folheá-la. O homem à minha direita continuou a ler as manchetes do jornal do dia. A mulher à esquerda estava prestando muita atenção porque aquela era sua primeira viagem de avião.

Olhei ao redor e notei que poucas pessoas estavam atentas às instruções de salva-vidas da comissária de voo. De repente, eu me dei conta. Os viajantes frequentes prestavam pouca atenção, não por grosseria, mas porque já tinham ouvido. O som da voz da comissária de voo misturava-se ao som dos motores do avião, portanto decidimos não prestar atenção.

Creia, porém, que, se o piloto anunciasse no meio do voo que a aeronave estava prestes a sofrer um acidente, todos os passageiros "acostumados a voar", inclusive eu, revisaríamos os cartões com instruções de segurança antes que alguém dissesse: "Apertem os cintos".

Amiga, logo mais entraremos em um assunto familiar a algumas pessoas. Vou revisar instruções de segurança que você já deve ter ouvido. Mas, antes, quero que você leia essas verdades na Bíblia, como se estivesse correndo o risco de sofrer um acidente aéreo. Não sabemos quando a vida entrará em zona de turbulência. De nada adiantará procurar pelo colete salva-vidas e tentar alcançar a máscara de oxigênio durante a queda. Devemos estar preparadas para que, quando as tempestades sobrevierem, quando os motores falharem, quando a aeronave estiver sem combustível, possamos aterrissar com segurança.

Ao ligar o detector de mentiras em sua mente, olhe objetivamente para qualquer pensamento e atitude que não estejam de acordo com os ensinamentos de Cristo. Quando reconhecemos e expomos a mentira, desarmamos seu poder destrutivo em nossa vida. Nosso poder depende de nossa crença na verdade, e oro para que Deus lhe abra os olhos para o poder acessível a cada uma de nós (cf. Ef 1.18-19).

Aperte o cinto. Vamos nos preparar para decolar.

- Entenda a verdadeira identidade do inimigo.
- Reconheça a mentira.

4

Rejeite as mentiras

Pois, embora vivamos como homens, não lutamos segundo os padrões humanos. As armas com as quais lutamos não são humanas; ao contrário, são poderosas em Deus para destruir fortalezas.

2Coríntios 10.3-4

Em 16 de julho de 1999, John F. Kennedy Jr., sua esposa, Carolyn Bessette-Kennedy, e sua cunhada, Lauren Bessette, morreram nas águas do oceano Atlântico. John, pilotando um avião monomotor, estava a poucos quilômetros do destino quando algo terrível aconteceu.

O avião partiu de Nova Jersey à noite com destino a Massachusetts, onde haveria uma reunião de família. Enquanto atravessava uma faixa de pouco menos de cinquenta quilômetros sobre o mar para, em seguida, dar início aos procedimentos de pouso, o avião começou a fazer uma série de manobras erradas. A queda da aeronave variou entre aproximadamente 120 e 240 metros por minuto, a cerca de 11 quilômetros da praia. O avião fez uma série de guinadas, descidas e subidas. A queda final excedeu a 1.400 metros por minuto, e o avião mergulhou de bico no oceano. As águas engoliram a aeronave e os três passageiros a bordo.[1]

Outros pilotos que fizeram rotas semelhantes na noite do acidente relataram que, em razão da neblina, não conseguiram enxergar o horizonte enquanto sobrevoavam a água. Não se podia enxergar nada.

Um piloto explicou que John provavelmente sofreu a síndrome do "buraco negro". Os pilotos de aviões de motores menos possantes usam o horizonte como ponto de referência. John, contudo, não foi capaz de enxergar o horizonte, e seus olhos não enviaram ao cérebro nenhuma mensagem sobre a altura em que ele se encontrava. Nessa situação, se o avião rodar ou embicar ligeiramente, o sensor interno do corpo faz o piloto acreditar que está voando reto e na horizontal. Se, por algum motivo, o piloto fizer outra manobra, a decisão que já era ruim se tornará pior.

John não estava pilotando com auxílio de instrumentos; o voo era visual. Significa que ele não havia sido treinado para usar corretamente o painel de instrumentos e aprendera a voar usando apenas a visão. No momento em que deixou de enxergar o horizonte, John desorientou-se, e sua mente perdeu o sentido de perspectiva e direção. Ele sofreu aquilo que chamamos comumente de vertigem, e a sequência do voo mostrou todas as evidências de "agitação mental e confusão angustiante". Os instrumentos de John avisaram-lhe que as asas estavam inclinadas (voando de lado), mas ele *sentiu* que estava voando em linha reta. Apesar de ter todos os instrumentos a bordo para uma aterrissagem segura, ele não soube usá-los.

Um piloto explicou a vertigem e a desorientação de John desta maneira: "Este é o ponto crucial da questão: as emoções do piloto abafaram o relato dos instrumentos de voo acerca da ligeira inclinação e do mergulho em alta velocidade e gritaram: 'Essa não! Não pode ser. Estou voando em linha reta e na horizontal. Sei disso!'".[2]

Um piloto experiente em voos por instrumento sabe que não pode confiar na própria intuição e tem capacidade para readquirir o controle do avião apenas por meio dos equipamentos. Os instrutores dão a essa capacidade o nome de "recuperação de atitudes incomuns". "A verdadeira capacidade para voar por instrumentos depende inteiramente de saber ler os instrumentos, não de seus instintos. A recuperação de 'atitudes incomuns' consiste em uma convicção essencial: você não pode confiar em seus instintos como palavra final sobre o que o avião está fazendo. Sua mente é seu patrão. Os instrumentos são sua janela da realidade, e você precisa desesperadamente entender os dados que eles transmitem".[3]

Amiga, espero que você esteja me acompanhando. Não estou falando de pilotar aviões; estou falando das manobras ao longo da vida. John tinha tudo de que necessitava para fazer um pouso seguro: o painel de instrumentos diante dele. Mas não sabia usá-los. Ele preferiu confiar em seus instintos a confiar nos fatos. Seus instintos mentiram, e ele e as duas passageiras morreram.

Temos a oportunidade de aprender a voar com visibilidade limitada através das tempestades da vida. Somos capazes de atravessar com segurança a turbulência inesperada e os problemas de relacionamento. Deus entregou-nos as ferramentas para que não percamos o rumo nem mergulhemos de cauda ou de bico na água. A Palavra de Deus é a Verdade que nos guia através do denso nevoeiro quando não conseguimos avistar o horizonte. A Palavra divina *é* o painel de controle. Se, no entanto, confiarmos nos próprios instintos, não saberemos se estamos voando baixo ou alto.

O escudo da fé

Estamos no meio de uma batalha espiritual por nossa mente. E, apesar de pensarmos que a fonte dos problemas de nossa vida são as pessoas ou circunstâncias difíceis, Paulo exorta-nos a deixar de lado o óbvio e a olhar para a raiz do problema. "Pois nossa luta não é contra seres humanos", ele diz, "mas contra os poderes e autoridades, contra os dominadores deste mundo de trevas, contra as forças espirituais do mal nas regiões celestiais" (Ef 6.12). Enquanto pensamos que nosso adversário é um mero ser mortal, o inimigo está rindo à toa. Mas já conhecemos a verdadeira identidade do inimigo. Certo?

A batalha espiritual é descrita como "luta". Significa literalmente "luta romana" ou combate "corpo a corpo".[4] Em outras partes do Novo Testamento, Paulo refere-se à batalha espiritual que enfrentamos no dia a dia. Ele disse a Timóteo: "Combata o bom combate da fé" (1Tm 6.12). E disse acerca de si próprio: "Combati o bom combate, terminei a corrida, guardei a fé" (2Tm 4.7). Paulo incentiva Timóteo a suportar as dificuldades "como bom soldado de Cristo Jesus" (2Tm 2.3).

Sim, Jesus venceu a batalha contra o pecado e a morte quando morreu na cruz e ressuscitou. Satanás foi derrotado. No entanto, enquanto vivermos neste mundo e na presença do pecado, continuaremos a lutar contra o poder do pecado e contra as mentiras que nos aprisionam.

Não há nada a temer nessa guerra. Deus concedeu-nos armadura suficiente para combater as ciladas do inimigo. Temos o poder do Espírito Santo operando em nós, o poder do sangue de Jesus derramado sobre nós e o poder da Palavra de Deus sob nossos pés. Verifiquemos, então, a armadura que Paulo nos instrui a usar na batalha pela verdade:

> Por isso, vistam toda a armadura de Deus, para que possam resistir no dia mau e permanecer inabaláveis, depois de terem feito tudo. Assim, mantenham-se firmes, cingindo-se com o

cinto da verdade, vestindo a couraça da justiça e tendo os pés calçados com a prontidão do evangelho da paz. Além disso, usem o escudo da fé, com o qual vocês poderão apagar todas as setas inflamadas do Maligno. Usem o capacete da salvação e a espada do Espírito, que é a palavra de Deus.

Efésios 6.13-17

Apesar de Paulo ter dito que devemos vestir *toda* a armadura de Deus, foi o *escudo da fé* que me chamou a atenção no texto. O cinto, a couraça da justiça e os calçados nos pés desgastavam-se continuamente na batalha, mas o capacete, a espada e o escudo desgastavam-se somente quando a luta começava. Quando fala do escudo, Paulo está descrevendo uma grande proteção corporal romana coberta de couro, que podia ser mergulhada na água e usada para apagar setas inflamadas.[5] Enquanto Satanás dispara suas mentiras inflamadas, usamos o escudo da fé (que, conforme sabemos, é a verdade) para obstruir a entrada das mentiras e apagar as chamas.

E precisamos obstruí-las imediatamente. Por exemplo, Satanás sussurra este pensamento dentro de mim: "Sou uma idiota". Tão logo o pensamento bate à porta de minha mente, posso tomar uma destas atitudes: acreditar na mentira ou rejeitá-la, dizendo: "Não é verdade. É uma mentira do inimigo. Cometi um erro, mas tenho a mente de Cristo".

Não podemos agir de maneira diferente da que acreditamos. Por isso, é muito importante rejeitar a mentira imediatamente.

Há certos *jingles* na TV que enfurecem meu marido. Tão logo a primeira cena do comercial aparece, ele aperta o botão "mute". E, embora eu zombe dele dizendo que tem fobia de comerciais, sabe o que acontece comigo? Aquela musiquinha maçante fica na minha cabeça pelo resto da noite. Ele faz o certo: tira o som, esquece, não permite que entre em sua cabeça.

O ladrão vem para roubar, matar e destruir, e ele põe um pensamento por vez em nossa cabeça. Esses pensamentos não são seus, e só se tornarão seus quando você permitir que atravessem a porta de sua mente. Assim que você aceitar a mentira e começar a dizê-la a si mesma, ela começará a produzir efeitos maléficos. Deus disse a Caim: "Saiba que o pecado o ameaça à porta; ele deseja conquistá-lo, mas não deve dominá-lo" (Gn 4.7).

Adoro a oração de Davi em Salmos 119.29-30: "Desvia-me dos caminhos enganosos [...] decidi seguir as tuas ordenanças". Talvez "desvia-me dos caminhos enganosos" seja uma oração maravilhosa para iniciarmos o dia, e "decidi seguir as tuas ordenanças" seja uma forma perfeita de terminar o dia.

A NATUREZA DA FÉ

E o que é fé? Hebreus 11.1 oferece-nos uma definição maravilhosa: "Ora, a fé é a certeza daquilo que esperamos e a prova das coisas que não vemos". Outra tradução apresenta uma explicação mais detalhada: "Ora, fé é a garantia (a confirmação, a documentação) das coisas que [nós] esperamos, a prova das coisas que [nós] não vemos e a convicção dessa realidade [fé entendida como fato real que não é revelado aos sentidos]" (AMP, tradução livre). É essa confiança em Deus que capacita os cristãos a enfrentar tudo aquilo que o futuro lhes reserva. Eles sabem que podem confiar em Deus. Usar o escudo da fé é usar aquilo que você sabe que é verdadeiro porque está na Palavra de Deus.

Fé é simplesmente isto: crer em Deus. É agir sabendo que Deus diz a verdade. "Abrão creu no SENHOR, e isso lhe foi creditado como justiça" (Gn 15.6). Ele acreditou nas promessas de Deus sem levar em conta o que as emoções lhe diziam. Estou certa de que, à medida que os anos passaram e Abraão foi envelhecendo,

Satanás tentou fazê-lo duvidar da promessa de Deus de que ele seria o pai de muitas nações. No entanto, Abraão usou o escudo da fé, apagou as setas da dúvida e continuou a crer.

A FIRMEZA DA FÉ

Observe as admoestações que Paulo nos faz em Efésios 6 acerca da firmeza da fé: "Por isso, vistam toda a armadura de Deus, para que possam *resistir* no dia mau e *permanecer inabaláveis*, depois de terem feito tudo. Assim, *mantenham-se firmes...*". Ninguém pode fazer isso por nós. Temos de estar apoiadas nos dois pés, resistir ao inimigo e basear-nos na Palavra da Verdade.

Por ter nascido na Carolina do Norte, adoro os antigos programas de TV em preto e branco de Andy Griffith.[6] Em um episódio, o vizinho valentão está apoquentando Opie. O tal loiro recém-chegado à comunidade zomba e ri de Opie até fazê-lo sentir-se como se fosse um completo perdedor diante dos colegas com quem gostava de estar. Depois de descobrir o que está perturbando seu filho, Andy, o pai sábio, lhe dá uma aula sobre como enfrentar valentões. No dia seguinte, quando o valentão ameaça Opie, o rapaz sardento e franzino encara seu oponente e recusa-se a sucumbir diante de suas ameaças.

— Você quer briga? — o valentão provoca.

Opie não diz nada; apenas prepara-se para o ataque.

Olhe, se você conseguir pegar esta pedra que coloquei no meu ombro, eu vou....

Opie pega a pedra no ombro do valentão antes que ele tenha tempo de terminar a sentença.

— Ah, muito bem. Então entre neste círculo — o valentão continua a falar enquanto traça um círculo no chão ao redor de si mesmo.

Opie entra no círculo.

De repente, o valentão começa a ficar nervoso.

— Você tem sorte, porque hoje eu não estou a fim de brigar — ele diz, afastando-se.

Opie não precisou dar o primeiro soco. Só precisou ficar firme no lugar, e o inimigo afastou-se. Os valentões não gostam quando alguém os enfrenta. Jamais gostaram. Jamais gostarão.

O Senhor disse estas palavras por intermédio do profeta Isaías: "Se vocês não *ficarem firmes* na fé, com certeza não *resistirão!*" (Is 7.9). Conforme diz o hino *Firmeza*, do *Cantor cristão*: "A minha fé e o meu amor estão firmados no Senhor, estão firmados no Senhor".

"Ora, é Deus que faz que nós e vocês permaneçamos firmes em Cristo", Paulo escreveu. "Ele nos ungiu, nos selou como sua propriedade e pôs o seu Espírito em nossos corações como garantia do que está por vir" (1Co 1.21-22). E Davi disse:

> Ele me tirou de um poço de destruição,
> de um atoleiro de lama;
> pôs os meus pés sobre uma rocha
> e firmou-me num local seguro.
>
> Salmos 40.2

Talvez você esteja fugindo do inimigo há muito tempo. Ele late, mas não morde. É um leão covarde e sem dentes. Siga em frente. Permaneça firme.

O PODER DA FÉ

Assim como escreveu à igreja em Éfeso a respeito da guerra espiritual que enfrentamos no dia a dia, Paulo também escreveu à igreja em Corinto:

Pois, embora vivamos como homens, não lutamos segundo os padrões humanos. As armas com as quais lutamos não são humanas; ao contrário, são poderosas em Deus para destruir fortalezas. Destruímos argumentos e toda pretensão que se levanta contra o conhecimento de Deus, e levamos cativo todo pensamento, para torná-lo obediente a Cristo.

2Coríntios 10.3-5

Qual o significado exato de fortaleza? Fortaleza é um modo constante de pensar que forma uma muralha ao redor da mente, mantendo-a prisioneira de pensamentos falsos. É formada tijolo por tijolo por meio de ideias falsas e repetitivas, ou de uma só vez, mediante um evento traumático, como estupro, violência ou abuso sexual.

No Antigo Testamento, fortaleza era uma fortificação usada para o povo proteger-se do inimigo. Davi abrigou-se nas fortalezas do deserto quando precisou esconder-se do rei Saul, que estava tentando matá-lo (cf. 1Sm 22.4; 23.14). Essas fortalezas eram, em geral, cavernas na encosta de uma montanha ou outro tipo de esconderijo difícil de ser atacado. No Antigo Testamento, Deus é chamado de nossa fortaleza: "Sim, tu és a minha rocha e a minha fortaleza" (Sl 31.3).

Os autores do Novo Testamento usaram a mesma metáfora de fortaleza para descrever a torre espiritual de escravidão, não de proteção, em que nos colocamos quando desenvolvemos pensamentos e ideias constantes que nos aprisionam. Beth Moore descreve a fortaleza desta maneira: "Qualquer coisa a que nos agarramos e que, no final, nos aprisiona". É alguma coisa que se levanta contra o conhecimento de Deus. A fortaleza não nos protege; protege o inimigo que está manipulando nossos pensamentos e sugerindo nossas ações.

A única maneira de expor o inimigo e derrotá-lo é destruindo a fortaleza, o reduto onde ele se esconde. Um hábito nocivo passa a ser a habitação do adversário, a fortaleza que ele encontra em nossa vida. Tão logo você reconhecer uma mentira em sua mente — talvez algo que tenha dominado sua imaginação e provocado pensamentos nocivos, como inveja, preocupação, medo ou raiva —, rejeite-a e substitua-a pela verdade. Todas as vezes que rejeitar uma mentira, você derrubará um tijolo a mais da fortaleza do inimigo, e, em breve, ficará evidente quão mentiroso e enganador ele é.

Não quero dar a impressão de que se trata de um processo fácil. Algumas de nós nos sentimos tão confortáveis com nossas fortalezas que não percebemos sequer que elas existem. Foi o que aconteceu comigo. Durante muitos anos eu me considerei salva, mas vivia aprisionada. Arrastava a corrente da inferioridade, da insegurança e incompetência por todos os lugares aonde ia, e me acostumei a andar mancando. Não notava nada. Habituei-me à minha fraqueza e servia uma xícara de chá a Satanás todas as vezes em que me escondia atrás do muro que ele me ajudara a construir. Mas, louvado seja Deus, Jesus abriu-me os olhos para a verdade e tirou-me da masmorra que passara a ser minha cela de prisão. Minha santa euforia me impedia de ver o que Deus havia feito.

Vamos voltar ao assunto da dificuldade em destruir fortalezas. É simples, mas não é fácil. Paulo usou palavras como *lutar*, *resistir* e *destruir*. A boa notícia é que não somos demolidoras solitárias. O Espírito Santo nos dá o poder, Jesus nos dá a luz, e Deus supervisiona o projeto como um todo. Nós simplesmente concordamos em participar, por meio da obediência.

Quando falamos de fortalezas, não estamos falando de ideias fortuitas ou pecados ocasionais. Fortaleza é um constante modo de pensar ou um pecado habitual. Ela é construída com os tijolos dos pensamentos e sedimentada pela argamassa das emoções. As fortalezas passam a ser nossa percepção da realidade.

Em meu caso, a substituição das mentiras destrutivas pela verdade de Deus arruinou a fortaleza da incompetência que levava a um ciclo negativo de desânimo, desespero e derrota. Quando rejeitamos a mentira, derrubamos aquelas fortalezas e, com o passar do tempo, até mesmo as ruínas são removidas.

Além de destruir as fortalezas, deitamos fora os argumentos e toda pretensão que se levanta contra o conhecimento de Deus. "Pensamentos, ideias, especulações, explicações, filosofias e falsas religiões são castelos ideológicos nos quais as pessoas formam uma barricada para entrincheirar-se de Deus e do evangelho", diz John MacArthur.[7] Paulo lutou bravamente contra os falsos profetas ou contra quem se atrevesse a incluir qualquer coisa na mensagem pura do evangelho ou dela excluir algo.

Da mesma forma que o cãozinho de Dorothy, Totó, desmascarou o grande mago em *O mágico de Oz*, quando entendemos a verdadeira identidade do inimigo, reconhecemos a mentira e fechamos a cortina para rejeitá-la, encontramos um velho impostor fracassado, que recorre a artifícios enganadores — manobras, sinos e apitos — para manter seus súditos tremendo de medo.

Gosto muito da cena em que Dorothy olha para o "grande mágico" e diz: "Você não passa de um velho". Ele foi desmascarado por uma garota camponesa e seu cãozinho.

A Bíblia na versão New American Standard diz que estamos "destruindo especulações e toda arrogância que se levanta contra o conhecimento de Deus" [tradução livre]. Essas palavras parecem ameaçadoras e grandiosas: *especulações... arrogância*. Especulação poderia ser algo tão simples como cair na armadilha da preocupação quanto ao futuro. "E se meu marido perder o emprego? E se meu filho ficar doente e morrer? E se eu contrair câncer? E se meus filhos não seguirem Cristo quando adultos? E se meu marido me abandonar? E se, e se, e se..."

A preocupação não passa de especulação quanto ao futuro e nos rouba a alegria no presente. Ocorre sempre que pensamos no que não é verdadeiro. Esses pensamentos precisam ser levados cativos à obediência a Cristo. Rejeite as mentiras. Use o escudo da fé. Permaneça firme na verdade.

Ideias inchadas

Ada havia ido ao consultório dentário de meu marido para fazer uma obturação rotineira, por isso ele ficou surpreso quando ela lhe telefonou naquela mesma noite dizendo estar com o rosto inchado e uma dor terrível.

— Dr. Jaynes — ela queixou-se — quase não consigo manter a cabeça ereta. Estou com o rosto inchado, não posso abrir a boca, e a dor está muito forte.

— Lamento muito que você esteja passando por este problema, Ada — Steve disse. — Não posso imaginar qual seja a causa. Vou receitar-lhe um analgésico e quero que vá a meu consultório amanhã no primeiro horário.

No dia seguinte, enquanto eu trabalhava como assistente de Steve, fiquei surpresa ao ver a aparência de Ada quando ela entrou no consultório. Seus olhos estavam meio fechados, ela mal conseguia andar, e o lado direito do rosto parecia bem inchado. Ada sentou-se lentamente na cadeira, como se cada movimento lhe custasse grande esforço. Ela teve grande dificuldade de abrir a boca para que Steve pudesse ver qual era o problema. Finalmente conseguiu abrir um pouco a boca. Steve levantou o lábio de Ada com muito cuidado e deu um largo sorriso. Ele pegou um instrumento e retirou um rolo de algodão preso entre a bochecha e o dente.

Os olhos de Ada arregalaram-se, e ela endireitou o corpo na cadeira:

— O que você fez? — perguntou, sem demonstrar nenhum indício de dor. Ela estava milagrosamente curada.

Steve riu e levantou o pequeno pedaço de algodão:

— Aqui está o motivo de tanta "dor".

A reação de Ada foi de terrível constrangimento.

Steve e eu relembramos a cena do dia anterior. Antes de fazer a obturação, ele colocou um pequeno rolo de algodão entre a bochecha e o dente de Ada para manter o local seco. Eu havia trabalhado com ele naquele dia e me esqueci de retirar o algodão depois que o dente foi obturado. Quando o efeito da anestesia terminou, Ada passou a mão no rosto e sentiu que estava inchado. No decorrer da noite, sua imaginação começou a correr solta até deixá-la naquela situação terrível, em que mal conseguia se movimentar. A própria Ada gerou aquela dor. Nossa paciente não olhou o interior de sua boca nenhuma vez sequer. Se tivesse feito isso, teria visto o pequeno rolo branco de algodão.[8]

Este é o poder de nossa imaginação e dos pensamentos falsos. Convencemo-nos a acreditar em uma mentira a ponto de permitir que ela exerça influência em nossas ações, emoções e até mesmo em nossa saúde. Mas, após um exame minucioso, reconhecemos a mentira e permanecemos firmes na verdade.

Finalmente, Paulo escreve que "levamos cativo todo pensamento, para torná-lo obediente a Cristo". Da mesma forma que o policial persegue e prende um criminoso fugitivo, podemos prender esses pensamentos esquivos e encarcerá-los para sempre. Sim, Satanás tentará pagar fiança e libertá-los. Mas temos poder e autoridade para trancá-los e jogar a chave fora.

Rejeitando a mentira

Rosa permaneceu na fila por quase uma hora à espera de que todos saíssem. Ela era uma bela mulher latina e havia assistido à minha palestra na Cidade do México. Com a ajuda de uma intérprete, Rosa abriu o coração para mim. Casou-se com 20 e poucos anos e tinha dois filhos pequenos. O marido não gostou quando ela descobriu que estava grávida do terceiro filho. "Você não pode ter outro bebê", ele disse. "Se não fizer um aborto, vou abandoná-la."

Rosa ficou arrasada. Da mesma forma que o marido, ela não queria aquele bebê. Com o casamento prestes a desmoronar e as finanças em condições precárias, ela estava exausta tentando dar conta de dois filhos pequenos. No entanto, suas convicções religiosas lhe diziam que o aborto era pecado. O medo de viver sem o apoio do marido levou Rosa a uma clínica de abortos. Porém, antes do início do procedimento, ela mudou de ideia e saiu correndo do edifício.

"Não fiz o aborto", Rosa disse com lágrimas nos olhos, "mas tive a intenção. Minha filha tem hoje 21 anos e é a alegria de minha vida. Ela me trata melhor que meus outros filhos. Mas carrego essa culpa comigo durante todos esses anos. Como pude pensar em abortá-la? Que tipo de pessoa eu sou?".

Rosa irrompeu em soluços enquanto eu e a intérprete tentávamos consolá-la. Ela pedira perdão a Deus e acreditava sinceramente que ele a perdoara. Mas não conseguia perdoar a si mesma. Ao longo de vinte e um anos, Satanás sussurrou uma mentira no coração dela: "Esta é a filha que você não queria. Esta é a criança que você quase matou. Que tipo de pessoa você é?".

Rosa acreditou na mentira, mas, naquele dia de julho de 2007, ela usou o escudo da fé e apagou as setas inflamadas.

— Rosa, você crê que Deus a perdoou?

— Creio.

— Rosa, você crê que a obra que Jesus fez na cruz por você foi suficiente para redimir seus pecados?

— Creio.

— Você crê em 1João 1.9, que diz que, se você confessar seus pecados, Deus é fiel e justo para perdoar todos os seus pecados e purificá-la de toda injustiça?

— Creio.

— Irmã, você está perdoada. O inimigo está mentindo para você e sussurrando palavras de vergonha e condenação. Ele é o acusador, mas você já teve o coração carimbado por Deus com a palavra "inocente". Jesus veio para libertá-la. Não aceite mais as algemas de culpa e condenação que Satanás colocou em seus punhos.

Rosa decidiu rejeitar a mentira. Usou o escudo da fé naquele dia... e no outro... e no outro... e no outro. C. S. Lewis escreveu: "Temos de começar a confiar em Deus todos os dias como se nada ainda houvesse sido feito".[9] Rosa descobriu que, para ser livre, é preciso conhecer a verdade.

A PAZ DA VERDADE

Iniciamos este capítulo dentro de um avião, e agora vou levá-la a outra viagem — não através do céu, mas no perigoso rio Amazonas, cheio de serpentes.

Steve e eu sentamo-nos ansiosamente em nossos lugares. Eu me perguntei se seria capaz de suportar a aventura, principalmente por conhecer minha tendência a indisposição durante viagens. Mas decidimos ir em frente.

O guia afivelou todos os passageiros dentro de pequenos barcos e deu as últimas instruções. Evidentemente, havia coletes salva-vidas, mas de que adiantariam naquela correnteza que ameaçava sugar-nos para debaixo da superfície?

A tripulação subiu a bordo e deu início à viagem pelo misterioso Amazonas. As águas calmas que corriam sinuosamente começaram a transformar-se em uma correnteza violenta, formando muralhas de espuma. Mergulhando na água e voando pelo ar, o barco conseguiu atravessar a primeira etapa da corredeira. Meu corpo relaxou, agradecido por termos conseguido fazer a travessia. Várias vezes durante a viagem a calmaria transformou-se em caos, e os passageiros precisaram equilibrar-se para que os barcos não afundassem. Nessas ocasiões, fechei os olhos e esperei que a turbulência passasse.

Quando, finalmente, chegamos ao fim da viagem, peguei o saco de pipocas e saí do cinema.

Não, eu não estava no rio Amazonas, amarrada em um pequeno barco. Estava sentada confortavelmente na cadeira macia de uma sala Imax de cinema, assistindo a um documentário sobre o rio Amazonas. Na tela de mais de 600 metros quadrados, as imagens imensas punham o espectador no centro da ação, e o som envolvente dava a ilusão de que participávamos da aventura. Não era real.

Sim, senti um pouco de náusea durante as cenas movimentadas da descida do rio, exibidas naquela tela gigante, mas não corri nenhum perigo. Embora os produtores e engenheiros tivessem tentado fazer o melhor para criar uma experiência realista, eu sabia que não era verdade. Era um filme. Eu sairia dali ilesa.

Essa é a paz de andar (ou, neste caso, sentar) na verdade.

- Entenda a verdadeira identidade do inimigo.
- Reconheça a mentira.
- Rejeite a mentira.

5

Substitua as mentiras pela verdade

Finalmente, irmãos, tudo o que for verdadeiro, [...] pensem nessas coisas.

Filipenses 4.8

Lena sofreu violência emocional e verbal de sua mãe por quinze anos. Todos os dias, ouvia que era idiota, inútil, fracassada. A mãe dizia que ela era feia, gorda e indigna. "Nenhum homem vai querer você", ela costumava dizer.

Lena cresceu com medo das mulheres e odiando a si mesma. "Por que não posso ser diferente?", ela se perguntava. Acreditava na opinião da mãe e sentia-se derrotada. Lena procurava chamar a atenção de qualquer forma e, ao chegar aos 23 anos, já havia feito três abortos. A culpa e a vergonha aumentaram a sensação de inutilidade.

Porém, quando Lena estava com 24 anos, um fato surpreendente lhe aconteceu. Ela aceitou Jesus como seu Senhor e Salvador e tornou-se nova criação. Sabia que Deus a perdoara completamente no momento em que pedira perdão. No entanto, Satanás continuou a lembrá-la dos terríveis erros do passado. "Como fui capaz de matar meus filhos? O que minhas amigas pensariam se conhecessem a verdade? Ninguém pode saber de meu passado. Algumas coisas são simplesmente imperdoáveis aos olhos humanos."

Lena conheceu um maravilhoso homem cristão e casou-se com ele. Começaram uma vida ministerial quando ele passou a pastorear uma igreja em uma pequena comunidade. Deus abençoou-os com três filhos encantadores, mas a vergonha do passado persistia.

"Eu me sentia indigna do amor de meu marido", ela disse. "Imaginava não estar à altura de ser sua esposa. Nunca lhe disse nada sobre meu passado. Era um segredo pesado que eu carregava."

Lena compareceu a um retiro para mulheres e comprou um de meus livros, *Cicatrizes — encontrando paz e propósito nas fendas do seu passado*. Pela primeira vez, ela começou a curar as feridas que a mãe infligira a seu coração de menina. Entendeu que era Satanás quem continuava a atormentá-la com aquelas mentiras, fazendo-a sentir que eram verdades. De repente, ela tomou uma atitude que deixou o inimigo furioso. Perdoou a mãe. Embora a mãe já estivesse morta, Lena perdoou-a como se ela estivesse presente naquele dia.

Lena imaginou Jesus apagando todos os seus erros, principalmente aqueles que a mãe escrevera maldosamente no quadro-negro de sua mente. "Está tudo acabado", ela disse. "Estou livre."

Havia, porém, mais uma etapa a ser vencida para a libertação de Lena. Ela não seria totalmente livre enquanto mantivesse o passado em segredo.

> Orei o dia inteiro e a noite inteira para ter coragem de falar dos três abortos ao meu marido. Ninguém, a não ser eu, sabia daqueles abortos. Precisava contar o segredo ao meu esposo, para que Satanás não mais usasse aquelas histórias contra mim.

Finalmente contei a verdade ao meu marido. Mas ele não reagiu da maneira que eu imaginara. Abraçou-me e chorou. "Não posso acreditar que você tenha guardado esse segredo por tanto tempo", ele disse. A reação dele me deixou atônita.
Não sinto mais vergonha. Sou pura.
Não sou mais feia. Sou bonita.
Não sou mais mal-amada. Sou muito amada.

Lena reconheceu as mentiras, rejeitou-as e as substituiu pela verdade. Agora, ela anda na fé como filha de Deus, escolhida e muito amada por ele.

Aprendendo com o melhor exemplo

No capítulo 2 vimos como Eva perdeu a batalha travada com o inimigo no Éden. Agora vamos ver como Jesus venceu a batalha com o mesmo inimigo no deserto. Tudo começou com o batismo de Jesus.

"Arrependam-se e sejam batizados!", o profeta gritou ao grupo reunido à beira do rio Jordão. O povo de toda a Jerusalém e da Judeia viera para ouvir aquele homem chamado João pregar a respeito do perdão e do arrependimento de pecados. Todos queriam saber se ele era o Messias, mas João assegurou-lhes que não era. "Eu os batizo com água. Mas virá alguém mais poderoso do que eu, tanto que não sou digno nem de desamarrar as correias das suas sandálias" (Lc 3.16).

Um dia, ao ver Jesus sair do meio da multidão, João abriu os braços e proclamou: "Vejam! É o Cordeiro de Deus que tira o pecado do mundo!".

Jesus apresentou-se para ser batizado. Quando Cristo emergiu da água, o céu se abriu, e Deus falou: "Tu és o meu Filho amado; em ti me agrado" (Lc 3.22).

Foi um dia marcante no calendário do reino, a data em que o ponto alto do incrível plano redentor de Deus foi posto em ação. E onde Jesus estava em sua primeira missão? No deserto, frente a frente com seu adversário — o inimigo que veio para destruir.

Jesus ficou sem comer e sem beber durante quarenta dias e quarenta noites e foi tentado pelo Maligno no deserto (Mt 4.1-11).

— Se és o Filho de Deus, manda que estas pedras se transformem em pães — Satanás disse.

Jesus pegou a espada do Espírito, a Palavra de Deus, e cravou-a na mentira de Satanás:

— Está escrito: "Nem só de pão viverá o homem, mas de toda palavra que procede da boca de Deus".

Outra vez o inimigo o tentou, levando-o à parte mais alta do templo:

— Se és o Filho de Deus, joga-te daqui para baixo. Pois está escrito: "Ele dará ordens a seus anjos a seu respeito, para o guardarem; com as mãos eles o segurarão, para que você não tropece em alguma pedra".

De novo, Jesus revidou com a verdade:

— Dito está: "Não ponha à prova o Senhor, o seu Deus".

Insistente, o Diabo levou Jesus a um lugar alto e mostrou-lhe todos os reinos do mundo:

— Eu te darei toda a autoridade sobre eles e todo o seu esplendor, porque me foram dados e posso dá-los a quem eu quiser. Então, se me adorares, tudo será teu.

Mais uma vez Jesus empunhou a espada e bradou:

— Retire-se, Satanás! Pois está escrito: "Adore o Senhor, o seu Deus, e só a ele preste culto".

Derrotado, Satanás encolheu-se e saiu furtivamente... para aguardar uma ocasião oportuna (cf. Lc 4.13). Sim, ele deixou Jesus em paz naquele dia, mas declarou: "Vou voltar". E voltou. Jesus venceu a batalha no deserto porque permaneceu firme na verdade.

Ah, querida, que tolice pensar que no jardim de nossa vida estará livre de problemas. Não são as circunstâncias que determinam uma vida de alegria e vitória. Jesus foi vitorioso no deserto. Eva foi derrotada no conforto e na tranquilidade do Éden.

Entoando um novo cântico

As mentiras tornam-se repetitivas em sua mente, como uma canção que você não consegue esquecer. E a melhor maneira de tirar essa música da cabeça é substituindo-a por outra. O rei Davi escreveu: "[O Senhor] pôs um novo cântico na minha boca" (Sl 40.3).

Conforme vimos, há uma batalha contínua pela conquista de nossa mente, e é aí que a luta se torna mais acirrada. Já entendemos a verdadeira identidade do inimigo, reconhecemos as mentiras e as rejeitamos. Agora, é tempo de pegar a espada, a Palavra de Deus, para abater o inimigo. Jesus não ganhou a batalha tentando ser mais esperto que o adversário. Jesus ganhou a guerra empunhando a verdade diante de seu oponente. Se deu certo para Jesus, dará certo para nós.

Uma das principais mensagens do evangelho de João é a verdade. É uma das palavras mais repetidas por Jesus e a registrada mais vezes no evangelho de João: 41 vezes, de acordo com a NVI. Estes são alguns exemplos:

"Mas quem pratica a *verdade* vem para a luz, para que se veja claramente que as suas obras são realizadas por intermédio de Deus".

João 3.21

Respondeu Jesus: "Eu sou o caminho, a *verdade* e a vida. Ninguém vem ao Pai, a não ser por mim".

João 14.6

"Santifica-os na *verdade*; a tua palavra é a verdade".

João 17.17

Jesus iniciou grande parte de suas declarações com: "Eu lhes digo a verdade". Por quê? A meu ver, Jesus estava tentando atrair nossa atenção, destacar seu argumento e dizer-nos que ele é digno de confiança. Ele deseja que, além de crer *nele*, acreditemos em suas palavras.

Descobrindo a verdade

João inicia seu evangelho desta maneira: "No princípio era aquele que é a Palavra. Ele estava com Deus, e era Deus. Ele estava com Deus no princípio" (1.1-2). O vocábulo grego para Palavra é *logos* e refere-se à total manifestação de Deus revelada ao homem. É a revelação direta de Deus ao ser humano.

Há outro vocábulo grego traduzido por "palavra", *rhema*. *Logos* é a Palavra de Deus completa enquanto *rhema* é uma passagem específica da Bíblia, despertada por Deus em nosso espírito. À medida que armazenamos o *logos* de Deus no coração, o Senhor abre-nos os olhos para compreendermos uma *rhema* pessoal. Isso pode ocorrer quando estamos lendo a Bíblia ou quando o Espírito Santo nos traz à mente um versículo que já havíamos lido em outra ocasião.

Se houver duas pessoas lendo a mesma passagem da Bíblia, uma delas poderá sentir que as palavras se referem a uma situação específica por ela enfrentada naquele momento, enquanto outra continuará a leitura sem ter essa experiência. Isso ocorre frequentemente quando meu marido e eu lemos a Bíblia ou ouvimos um sermão juntos. Empolgada, eu digo bem alto: "Você ouviu isso?" ou "Viu aquilo?". Steve olha para mim e responde calmamente: "Claro, querida". Nesse momento sei que acabei de vivenciar uma *rhema* de Deus exclusiva para mim. Em outras ocasiões, Steve pega um marcador de texto e, com um brilho nos olhos, destaca a passagem dirigida a ele. Deus age de modo muito pessoal e íntimo com cada um de seus filhos e tem revelações específicas para todos os que se dedicam a estudar a Palavra dele.

Vamos voltar à carta de Paulo à igreja em Éfeso e nos concentrar na armadura de Deus, no capítulo 6. Já analisamos o escudo da fé e aprendemos a resistir às mentiras do inimigo e rejeitá-las. Agora, vamos pegar a espada do Espírito para afugentar de vez o adversário.

Paulo escreve: "Usem o capacete da salvação e a espada do Espírito, que é a palavra de Deus" (v. 17). Você sabe que vocábulo grego é usado para "palavra"? *Rhema*, um vocábulo *específico* que o Espírito Santo nos traz à lembrança. Mas lembre-se: para que o Espírito Santo traga uma *rhema* à nossa mente, o *logos* precisa estar gravado no banco de dados de nossa memória.

Você poderá ler a Bíblia (*logos*) e, mesmo assim, não sentir o poder de Deus em sua vida. Jesus desafiou os líderes religiosos: "Vocês estudam cuidadosamente as Escrituras, porque pensam que nelas vocês têm a vida eterna. E são as Escrituras que testemunham a meu respeito; contudo, vocês não querem vir a mim para terem vida" (Jo 5.39-40). O Espírito Santo, que habita no coração do cristão, faz a luz do conhecimento de Cristo brilhar nas palavras escritas e transforma-as em palavras *rhema* de Deus.

REPROGRAMANDO A MENTE

Deus criou o homem em três partes: corpo, alma e espírito. O corpo material é a parte que vemos e que abriga os cinco sentidos. Ele dura pouco tempo e será transformado na ressurreição. O espírito é o homem interior, que se comunica com Deus e vive eternamente. Essa é a parte que "nasce de novo" quando aceitamos Cristo.

A terceira parte do homem, a alma, forma nossa personalidade. É também composta de três partes: mente, vontade e emoções. Recebemos as informações na mente, agimos sob influência dessas informações com a vontade e reagimos com a emoção. O cérebro faz parte do corpo e é diferente da mente. A mente usa o cérebro da mesma forma que usamos o computador: para registrar, armazenar e buscar informações.

Terminada a aula de anatomia espiritual, vejamos como isso se aplica à questão de dominar as mentiras que as mulheres contam a si mesmas.

Desde o dia em que nascemos fisicamente até o dia em que nascemos de novo espiritualmente, desenvolvemos hábitos e pensamentos que nos fazem desvincular de Deus as necessidades de proteção, segurança e importância que ele próprio nos deu. Esses pensamentos são armazenados em nossa mente, no disco rígido, e passam a ser o sistema operacional do qual as ações e emoções dependem para orientar-se. Os dados usados pelo computador procedem das mensagens que recebemos e são influenciados pelo modo como os interpretamos.

Quando nos tornamos nova criação em Cristo, ninguém aperta a tecla "delete" para apagar os antigos hábitos de pensar; ao contrário, precisamos da ajuda de Deus para reprogramar o computador, a mente. Paulo ensina: "Não se amoldem ao padrão deste mundo, mas transformem-se pela renovação da sua mente" (Rm 12.2). À medida que começamos a reconhecer as mentiras, rejeitá-las e substituí-las pela verdade, temos a mente renovada para pensar de maneira bíblica e de acordo com a verdade.

Em meu quintal há um bebedouro preso à parede. Quase sempre ele fica cheio de folhas e detritos. Como não posso retirá-lo da parede para jogar a sujeira no lixo, tive de inventar outra maneira de limpá-lo. Coloco uma mangueira no bebedouro e encho-o com água limpa até transbordar. Enquanto a água limpa enche o recipiente, a sujeira é jogada fora. A água limpa provoca a saída da água suja até que o líquido no interior do bebedouro volte a tornar-se cristalino.

É o que acontece quando enchemos a mente com a verdade. Ela desloca e substitui as mentiras.

Quando começamos a substituir as mentiras pela verdade, a água pura da Palavra de Deus começa a deslocar a sujeira e a lama em nossa mente. Eu gostaria de ter um aspirador capaz de sugar todos os velhos hábitos de pensar, para que fossem retirados com rapidez e facilidade. Mas, quase sempre, Deus usa a verdade para substituir a mentira em vez de simplesmente remover a mentira e deixar um espaço vazio.

A professora de doutrinas bíblicas Beth Moore compara a renovação da mente com a substituição de um papel de parede. Acabei de retirar o papel de parede do quarto de hóspedes de minha casa. Foi uma tarefa difícil e demorada. Fiz alguns cortes no papel com o auxílio de um instrumento afiado e umedeci a parede com um líquido apropriado para tentar arrancar o revestimento antigo. Fiquei entusiasmada todas as vezes que consegui arrancar um pedaço grande, mas, na maioria das vezes, tive de puxar pedacinho por pedacinho com o auxílio das unhas e de uma espátula, até retirar tudo.

Eu gostaria de lhe dizer que a tarefa de revestir a parede de sua mente com papel novo é fácil, mas não é. Claro, às vezes você consegue arrancar um pedaço grande de uma só vez. Há ocasiões em que uma grande vitória mental e espiritual retira um pedaço grande daquele antigo modo de pensar. Mas, na maioria das vezes, é um processo tedioso que exige paciência, determinação e força espiritual. Porém, o resultado é uma paz incrível.

O psiquiatra Paul Meier dirigiu um estudo sobre o efeito da meditação em seminaristas e concluiu:

> A meditação diária sobre a Bíblia, com dedicação pessoal, é a maneira mais eficaz de obter alegria, paz e maturidade emocional. [...] Em média, são necessários cerca de três anos de meditação diária sobre a Bíblia para causar mudança suficiente no modo de pensar e no comportamento de uma pessoa para produzir saúde mental e felicidade estatisticamente superiores.[1]

Vendo-se como Deus a vê

Se você tem acreditado nas mentiras sobre quem você é, poderá demorar algum tempo para começar a se ver como Deus a vê. Às vezes hesitamos em aceitar a verdade sobre quem somos como filha de Deus: santa, escolhida, redimida e muito amada. Achamos mais fácil acreditar nas mentiras porque as ouvimos durante a vida inteira.

Lembro-me de uma ocasião no verão de 1969, em que eu estava sentada ao lado de minha avó, uma mulher criada na zona rural, enquanto víamos Neil Armstrong andar na Lua. "Isso não passa de um monte de baboseiras", ela disse com desdém. "Aquele homem não está na Lua. Está andando num estúdio de televisão. Nunca vou acreditar que seja verdade. Como essa gente pode ser tão idiota a ponto de acreditar nisso?"

Bem, era verdade. A Apollo 11 pousou na Lua, e o sr. Armstrong deu um passeio por lá. Além do mais, isso foi apenas o começo de várias pegadas humanas que, nos anos seguintes, deixaram suas marcas na superfície lunar empoeirada.

A verdade, porém, era irreal para vovó. Ela nunca acreditou naquilo. Algumas pessoas pensam que sua posição perante Cristo também é irreal e sentem dificuldade em acreditar. Mas elas estão perdendo uma grande bênção.

Os pensamentos que você tem a seu respeito se transformam na maneira como você se vê, sejam eles verdadeiros ou falsos. Com o passar do tempo, você acreditará no que diz a si mesma. Se disser palavras negativas e distorcidas a seu respeito, agirá de maneira negativa e destrutiva. Se substituir as mentiras pela verdade sobre quem você realmente é, começará a andar, a falar e a viver como filha de Deus.

Suas convicções exercem influência em seu comportamento. Você não pode agir de modo diferente daquilo em que acredita. É por isso que estamos começando pelo topo, pela mente, de onde os pensamentos se originam.

E quanto a você? O que acha? Não estou falando mais da Lua; estou falando do Filho. Você acredita na verdade sobre quem realmente é, o que tem e que posição ocupa como filha de Deus? Vai começar a rejeitar as mentiras e a acreditar na verdade? Vai começar a se ver como Deus a vê? Ah, espero que as respostas a essas perguntas sejam "sim" da mesma forma que foram para Suzanne, como veremos adiante.

Troque "eu não consigo" por "eu consigo"

Suzanne sofreu de grave depressão e ansiedade durante meses. Em total desespero, ela internou-se em um hospital para tratamento. Os remédios pareciam confundir seus pensamentos, e ela começou a ter dificuldade de concentração. Era-lhe difícil até mesmo lembrar-se da medicação que deveria tomar, e ela chorava horas seguidas. "Não consigo fazer nada direito", reclamava. "Não consigo nem lembrar o nome do remédio que devo tomar."

A irmã dela enviou-lhe um *e-mail* com uma meditação que eu escrevera sobre como substituir as mentiras pela verdade. Suzanne sabia que não era capaz de concentrar-se para ler a meditação inteira, por isso imprimiu-a para ler um pouco por vez. Assim que começou a ler, não conseguiu parar. Fiz uma sugestão simples naquela meditação: "Quando você disser: 'Não consigo fazer nada direito', pare imediatamente e pergunte se esse pensamento procede de Deus".

Suzanne sabia que Deus estava prestes a dizer-lhe algo significativo. Em razão da internação no hospital psiquiátrico no mês anterior e das novas drogas que estava tomando, Suzanne tinha dificuldade em fazer alguma coisa corretamente. Ela continuou a ler...

"Se você não tiver certeza de que o pensamento é verdade ou mentira, faça este teste bem simples. Acrescente 'em nome de Jesus' ao pensamento. Por exemplo: 'Não consigo fazer nada direito, em nome de Jesus'. Hummm. Não parece apropriado, certo? Que tal: 'Sou um fracasso, em nome de Jesus'? Também não parece apropriado. Mas, quando reconhecer que está dizendo uma mentira a si mesma, pare e substitua-a pela verdade."

Suzanne decidiu tentar. Reconheceu que estava acreditando nas mentiras do inimigo em vez de crer na verdade de Deus. A sugestão funcionou para Suzanne. Ela continuou a repetir a frase: "Não consigo fazer nada direito, em nome de Jesus" e, finalmente, entendeu que esse pensamento não procedia de Deus. Ao constatar isso, sentiu que a escuridão começava a desaparecer e decidiu dedicar-se a uma tarefa bem simples.

"Vou emendar dois pedaços de tecido na máquina de costura", ela pensou. Quando terminou, descobriu que havia deixado uma parte sem costurar. Mas, em vez de repetir a frase "Não consigo fazer nada direito", ela riu de si mesma. Riu pela primeira vez em semanas. Em seguida, disse: "Vou tentar de novo porque sou capaz de costurar direito, em nome de Jesus". E ela conseguiu.

O autor de Provérbios declara: "Porque, como imagina em sua alma, assim [o homem] é" (Pv 23.7, RA). Suzanne começou a ver-se como Deus a via, e isso mudou a maneira como ela se enxergava.

Há um fato gratificante nessa história. Suzanne achava que Deus a tivesse abandonado, mas, quando recebeu o *e-mail* da irmã em seu momento de maior necessidade, ela entendeu que Deus continuava a amá-la e não a abandonara. Ele esteve sempre presente, incentivando a irmã de Suzanne a enviar-lhe a mensagem que ela precisava ouvir.

Ame a Deus e confie nele!

PARTE 2

As mentiras que as mulheres contam a si mesmas

6

Não sou digna o suficiente

Mentira: *Não sou digna o suficiente*
Verdade: *Sou digna o suficiente porque Cristo habita em mim e o Espírito Santo me capacita (cf. Jo 14.20; At 1.8).*

Anabel Gillham amava a Deus, mas tinha dificuldade de aceitar que ele a amava. Ela conhecia, claro, os versículos bíblicos que falavam do amor incondicional de Deus por ela. Mas, pelo fato de saber quem era, Anabel duvidava que Deus, que conhecia seus pensamentos mais íntimos, fosse capaz de perdoá-la.

A raiz do problema estava na maneira pela qual ela via Deus e como, em sua opinião, ele a via. Anabel sabia quem Deus era. Lera em Êxodo 34.6-7: "E [o Senhor] passou diante de Moisés, proclamando: 'Senhor, Senhor, Deus compassivo e misericordioso, paciente, cheio de amor e de fidelidade, que mantém o seu amor a milhares e perdoa a maldade, a rebelião e o pecado'". Ela, porém, acreditava que precisava conquistar aquele amor. Acreditava que precisava ser digna de merecê-lo. Deus usou, então, uma pessoa muito especial para ajudar Anabel a entender a profundeza de seu amor por ela — seu segundo filho, Mason David Gillham, uma criança com grave retardamento mental. Vamos deixar que Anabel conte sua história.

> Mace conseguia cantar uma canção com muito entusiasmo, só uma: "Jesus me ama". Jogava a cabeça para trás e sustentava o

primeiro "sim" do coro até onde podia; depois ficava tão feliz que quase caía da cadeira. Ainda ouço seu riso quando penso naqueles dias que parecem tão distantes e longínquos. Essa lembrança me emociona muito.

Nunca duvidei, nem por um instante, que Jesus amava aquele garotinho acometido de grave retardamento mental. Eu não me importava se ele nunca pudesse sentar-se com as outras crianças no fundo da igreja ou se, em uma noite especial, decidisse atravessar o corredor do templo, segurar a mão do pastor e convidar Jesus para entrar em seu coração. Era inteiramente irrelevante o fato de ele não ser capaz de citar um único versículo da Bíblia, de nunca poder frequentar o colégio ou de nunca poder ser pai. Eu sabia que Jesus amava Mason.

O que eu não conseguia entender, o que não conseguia aceitar, era que Jesus pudesse amar Anabel, a mãe de Mason. Veja, eu acreditava que, se quisesse que alguém me amasse e aceitasse, teria de fazer alguma coisa por aquela pessoa. Meu critério a respeito de receber amor baseava-se em ações, por isso eu queria sempre "agir" de modo perfeito. Na verdade, não permitia que ninguém me visse quando não estava agindo perfeitamente. Nunca tive amigas íntimas porque estava convencida de que, se alguém me conhecesse realmente, não gostaria de mim.

Transportei essa ideia para meu relacionamento com Deus, e, quando comecei a estudar a Bíblia, descobri, horrorizada, que ele conhecia todos os meus pensamentos e, mais ainda, tudo o que eu dizia ou fazia (cf. Sl 139.1-4). Eu estava descoberta e exposta diante dos olhos daquele a quem hei de prestar contas (cf. Hb 4.13). O que aquilo significava para mim? Significava que ele me conhecia realmente, que me via quando eu não estava agindo certo. Com base no que eu entendia ser minha responsabilidade, isto é, agir perfeitamente para ser aceita, cheguei à firme conclusão de que ele não poderia me amar, que jamais poderia gostar do que via.

Mace não podia fazer nada para conquistar nosso amor, nem o amor de outras pessoas; mas, ah, como nós o amávamos! Sua condição piorou a tal ponto — e tão rapidamente — que tivemos de interná-lo para tratamento na escola estadual de Enid para crianças com deficiência mental, quando ele ainda era muito pequeno. Percorríamos, com certa regularidade, quase duzentos quilômetros de carro para vê-lo, mas, naquele fim de semana específico, ele estava em casa para uma visita. Chegou na quinta-feira à noite e estávamos no sábado. Logo depois de arrumar a cozinha do almoço, eu teria de juntar as coisas dele e levá-lo de volta à *sua* casa. Já havia feito isso muitas vezes — e nunca era fácil —, mas naquele dia Deus tinha em mente algo que mudaria minha vida para sempre.

Enquanto eu lavava a louça, Mason continuou sentado em sua cadeira observando-me, ou pelo menos olhando para mim. Foi então que tudo começou. Minhas emoções estavam confusas, senti o estômago revirar, e aqueles pensamentos de instantes atrás voltaram a me atormentar: "Vou começar a juntar os brinquedos e as roupas de Mason e levá-lo novamente. Não consigo fazer isto. Simplesmente não consigo". Parei de lavar a louça e ajoelhei-me em frente a Mace. Coloquei suas mãozinhas sujas entre as minhas e tentei desesperadamente alcançar a mente dele.

Eu disse: "Mason, eu amo você. Amo você. Se ao menos você pudesse entender como eu o amo".

Ele limitou-se a olhar para mim. Não era capaz de entender, de compreender. Levantei-me e voltei a lavar a louça, mas por pouco tempo. Aquela sensação de opressão, quase de pânico, tomou conta de mim. Enxuguei as mãos e, mais uma vez, ajoelhei-me diante de meu precioso filhinho.

"Meu querido Mason, se ao menos você pudesse me dizer: 'Amo você, mamãe'. Eu preciso disso, Mace".

Nada.

Levantei-me e voltei para a cozinha. Mais louça. Lava daqui, enxágua dali, mais lágrimas — e pensamentos, diferentes dos anteriores, começaram a filtrar-se em minha consciência. Creio que Deus me falou naquele dia, e estas foram suas palavras: "Anabel, você não olha para seu filho e vira o rosto enojada só porque ele está sentado ali babando; não sacode a cabeça com repugnância só porque ele derrubou comida na roupa ou porque está usando uma fralda malcheirosa quando deveria ser capaz de cuidar de si mesmo. Anabel, você não rejeita Mason só porque todos os planos que fez para ele foram destruídos. Não o rejeita só porque ele não faz nada para lhe agradar. Você o ama, Anabel, porque ele é seu. Mason não rejeita deliberadamente o seu amor, mas você rejeita deliberadamente o meu. Eu a amo, Anabel, não porque você é bonita ou atraente nem porque faz tudo certo, não porque age para me agradar, mas eu a amo porque você é minha".[1]

Ao ouvir a história de Anabel, mudei meu modo de pensar a respeito do amor de Deus por mim. Vivi durante anos como se precisasse ser "digna o suficiente" para ser amada por Deus. Entendia que salvação era um dom da graça — um presente imerecido de Deus —, mas, em um ponto qualquer da vida, comecei a acreditar na mentira de que tinha de fazer tudo certo para conservar aquele presente. Temia que, se não fosse digna o bastante, ele o tiraria de mim. Mas aquilo era uma mentira.

Sou digna o suficiente porque Jesus vive em mim e porque o Espírito Santo trabalha por meu intermédio. E você, amiga, também é.

Não sou digna o suficiente

Não sou _____ o suficiente. Você poderá preencher o espaço com atributos como habilidosa, talentosa, espiritual ou qualquer outro (e muitos serão discutidos nas páginas deste livro). Mas a origem de cada uma dessas mentiras está enraizada em "Não sou digna o suficiente". Essa é uma das armas favoritas do inimigo, e ele a usa para manter os filhos de Deus presos a sentimentos de inferioridade, insegurança e incompetência. A verdade é esta: o inimigo quer que você acredite que "não é". Mas você é. É suficientemente digna, foi equipada e recebeu poder para fazer tudo o que Deus planejou para você.

Parece que a mensagem: "Não sou digna o suficiente para conquistar o céu por mim mesma" foi transformada em: "Não sou digna o suficiente. E ponto final". Depois de criar o homem e a mulher, Deus disse: "Ficou bom". Somos tão preciosas aos olhos de Deus que ele enviou seu Filho unigênito para restaurar nossas peças quebradas.

Sinceramente, eu poderia ser a garota-propaganda da mentira que nos convence de que não somos dignas o bastante. Se sensação de incompetência fizesse parte dos Jogos Olímpicos, eu seria uma celebridade, com fotografias espalhadas por todos os lugares. Esse foi o pensamento que marcou minha vida até o dia em que entendi quem eu era em Cristo. A professora de doutrinas bíblicas Beth Moore disse:

> Na calada da noite, quando as inseguranças rastejam sobre nosso corpo como pulgas, todos nós temos acessos terríveis de insegurança e pânico de ser insignificantes. Nossa natureza humana cai deploravelmente na tentação de pegar a fita métrica e nos comparar com pessoas que parecem ser mais dotadas e ungidas por Deus.[2]

Há muitas mulheres vivendo em derrota silenciosa, comparando-se com outras que, da mesma forma, vivem em derrota secreta. "Não sou boa mãe. Não sou boa esposa. Não sou boa cristã. Não sou boa testemunha. Não sou boa dona de casa. Não sou boa cozinheira. Não sou boa..."

Uma a uma, as pétalas caem da linda flor que Deus criou. Essa flor somos nós. Igual a uma chuva de papel picado, nossos pedacinhos de confiança espalham-se nas ruas enquanto o desfile segue em frente.

Lamentavelmente, perdi muitos anos preciosos presa nas mentiras do inimigo antes de estender as mãos acorrentadas a Deus e dizer: "Estou pronta para que me liberte".

Pense nisto: Jacó era mentiroso, Moisés era gago, Gideão era covarde, Davi era adúltero, Raabe era prostituta, Ester era órfã, a jumenta de Balaão era... uma jumenta. Ainda assim, Deus usou cada um deles para promover seu reino.

Deus não nos chama porque temos dons ou talentos. Ele nos usa porque somos obedientes a ele e dependentes dele. Deus não chama os capacitados; ele qualifica os que são chamados.

A verdade é esta: se você nasceu de novo em Cristo, quando Deus olha para você, ele vê Jesus. E, amiga, Jesus é digno o suficiente.

Digna o suficiente

Muito bem. Talvez você acredite que seja digna o suficiente para Deus. Talvez acredite que Deus, quando olha para você, vê Jesus. Mas e daí? Você acredita que é digna o suficiente para servi-lo na terra? Acredita que, pelo fato de Jesus viver em você, é digna o suficiente para cumprir o chamado que Deus lhe fez? Acredita que tem potencial? Ah, querida irmã, isso é muito importante. (Estou orando para que as lágrimas derramadas no teclado de meu computador não provoquem um curto-circuito.)

Precisamos entender que quando estamos em Cristo... *somos dignas o suficiente para cumprir o chamado dele*. Há muitos irmãos e irmãs em Cristo aprisionados na mentira de que não são dignos o bastante para ser tudo aquilo que Deus planejou para eles. Eu sei... fui uma dessas pessoas.

Tão logo comecei a sair do casulo de inferioridade, insegurança e incompetência, decorrente de muitos anos em que acreditei nas mentiras, Deus começou a dar-me um vislumbre dos planos que tinha para mim. Igual a uma marmota que volta a se encolher em sua toca para mais seis semanas de inverno, gritei: "Não sou digna o suficiente. Encontre outra pessoa". Foi quando Deus começou a mostrar-me um grupo de mulheres que sentiam o mesmo que eu.

Moisés foi um dos grandes líderes da história. Depois de ser criado na casa do faraó como filho adotivo, ele chegou aos 40 anos de idade certo de que estava pronto para livrar a nação israelita da escravidão. Seu plano fracassou terrivelmente. Depois que Moisés matou um capataz egípcio, o faraó quis a vida de Moisés em troca. Aquele homem que um dia foi poderoso em palavras e ações fugiu do palácio e escondeu-se na terra de Midiã.

Nos quarenta anos seguintes, Moisés tomou conta de ovelhas sujas e malcheirosas. Sua insegurança chegou a tal ponto que ele passou a ter dificuldade de falar e preferia a companhia das ovelhas à de pessoas. Foi nessa época, quando Moisés atingiu o ponto mais baixo na vida, que Deus decidiu que ele estava pronto para liderar. Deus apareceu-lhe em uma sarça em chamas e chamou-o para conduzir a nação israelita para fora do Egito.

— Moisés! Moisés! — Deus chamou ao ver Moisés aproximando-se da sarça ardente.

— Estou aqui — Moisés respondeu.

No entanto, o "estou aqui" não significou "estou aqui para cumprir o chamado que tens para mim". Moisés argumentou veementemente contra o plano divino de usá-lo para conduzir a nação israelita à liberdade: "Estás chamando a pessoa errada. Não sei falar sem gaguejar. Por que não chamas meu irmão Arão?".

Moisés disse quatro vezes: "E se tal coisa acontecer?".

E todas as vezes Deus respondeu: "Eu estarei com você".

Essa é a resposta que Deus nos dá hoje. Veja, quando Moisés pensou que estava pronto, aos 40 anos de idade, não estava. Quando pensou que não estava pronto aos 80 anos, estava. Quando estamos prontas para fazer o impossível para Deus? Quando ele nos chama e quando sabemos que não podemos fazer nada sozinhas, mas apenas mediante o poder dele operando em nós. *Somos* suficientemente dignas quando o poder de Deus trabalha dentro de nós. Tão logo acreditou que Deus o conduziria, Moisés adquiriu confiança para começar a agir.

Gideão foi outro guerreiro poderoso que questionou o chamado divino. Quando Deus falou com Gideão para atribuir-lhe a missão de ser o novo líder do exército israelita, Gideão estava malhando trigo em um tanque de prensar uvas. Ora, amiga, não é comum malhar trigo em um tanque desses. Malha-se o trigo atirando-o para o ar em um campo aberto e deixando que o vento leve a palha embora. Então, o que ele estava fazendo em um tanque de prensar uvas? Gideão estava com tanto medo de seus inimigos que se escondeu. Mesmo assim, quando lhe apareceu, o anjo do Senhor dirigiu-se a ele desta maneira: "O Senhor está com você, poderoso guerreiro" (Jz 6.12). Posso ver Gideão olhando ao redor e perguntando: "Você está falando comigo?".

Sim, Deus falou em "poderoso guerreiro" porque conhecia o potencial de Gideão caso ele confiasse na ação do poder de Deus por meio dele.

Agora vamos falar de um dos líderes mais poderosos de todos os tempos, o rei Davi. Quando foi ungir o novo rei de Israel, o profeta Samuel pediu para ver todos os filhos de Jessé. Um a um, os rapazes fortes e robustos desfilaram diante de Samuel para serem inspecionados, mas Deus rejeitou todos, apesar de Samuel ter achado que Eliabe tinha porte de rei. O Senhor, porém, disse a Samuel: "Não considere sua aparência nem sua altura, pois eu o rejeitei. O Senhor não vê como o homem: o homem vê a aparência, mas o Senhor vê o coração" (1Sm 16.7).

Confuso, Samuel perguntou a Jessé:

— São só estes? Não há outro filho?

— Bom, tenho mais um filho — Jessé respondeu. — Davi está no campo cuidando do rebanho.

Davi era o caçula, e nunca passara pela cabeça de Jessé que ele poderia ser rei.

Quando, porém, o menino foi trazido, Deus manifestou sua aprovação.

E quanto às mulheres na Bíblia? Se você fosse Deus e quisesse relacionar apenas cinco mulheres na linhagem de Jesus, quem escolheria? Talvez eu escolhesse a sra. Noé, a sra. Moisés ou a encantadora sra. Abraão. Mas Deus tinha uma ideia diferente. No capítulo 1 de Mateus, além de Maria, ele relacionou: Tamar, que teve um encontro incestuoso com o sogro; Raabe, uma prostituta; Ruth, uma estrangeira vinda de uma terra amaldiçoada; e Bate-Seba, que teve uma aventura amorosa com o rei Davi. Não são as mulheres que provavelmente escolheríamos, mas ao olharmos para o exemplo maravilhoso de 1Coríntios 1.26-31, em que lemos que Deus escolheu as pessoas fracas e desprezadas porque é delas que ele receberá a maior glória. Para Deus, elas eram dignas o suficiente.

A OBRA EXTRAORDINÁRIA DE DEUS REALIZADA POR MEIO DE PESSOAS COMUNS

Deus gosta de realizar obras extraordinárias por meio de pessoas comuns que trarão glória ao nome dele. É por intermédio de homens e mulheres que sabem que não podem confiar nas próprias forças — mas são incrivelmente poderosos na força de Deus — que os gigantes deste mundo são derrotados.

No momento em que damos os primeiros passos de obediência, é muito importante lembrar que é Deus quem produzirá os resultados. Adoro este relato sobre um dos pregadores mais famosos do século 19, Charles Spurgeon:

> Na Inglaterra do século 19, Charles Spurgeon foi sem sombra de dúvida o maior pregador na capital da nação mais poderosa na terra. Multidões imensas, inclusive de ricos e poderosos, vinham ao cavernoso Tabernáculo Metropolitano de Londres para ouvi-lo pregar o evangelho.
>
> Spurgeon aspirava a padrões mais elevados, sempre temendo que seu melhor não fosse suficientemente bom. Um dia, seus piores temores concretizaram-se, quando pregou um sermão horrível. Sentiu-se tão traumatizado pelo trabalho deficiente que correu pra casa e caiu de joelhos. "Ó Senhor, sou tão medíocre, e tu és tão poderoso!", ele orou. "Apenas tu poderias fazer alguma coisa de um sermão tão horrível. Por favor, usa-o e abençoa-o."
>
> Você e eu aconselharíamos Spurgeon a esquecer o fracasso e prosseguir, mas ele continuou orando a semana inteira, pedindo a Deus que usasse o horrível sermão. Enquanto isso,

dedicou-se a melhorar no domingo seguinte. Assim o fez. Na conclusão desse sermão, a audiência de milhares de pessoas quase o carregou sobre os ombros.

Mas Spurgeon não se deixava enganar. Decidiu manter um registro cuidadoso dos resultados dos dois sermões. Dentro de alguns meses o resultado estava claro. O sermão "horrível" havia levado 41 pessoas a Cristo; sua obra-prima não deu nenhum resultado conhecido.[3]

Quando pensou que era bom o suficiente, baseando-se nas próprias forças, Spurgeon não era. Quando pensou que não era bom o suficiente, Deus era. Deus "é capaz de fazer infinitamente mais do que tudo o que pedimos ou pensamos" (Ef 3.20). Como é maravilhoso saber que ele gosta de fazer tudo isso por nosso intermédio.

Confiança inabalável

"Não sou digna o suficiente" é uma mentira insidiosa que o inimigo sussurra em nossos ouvidos. *É* mentira. Não é verdade.

A verdade é esta: se você aceitou Jesus como o Senhor de sua vida, tem o poder do Espírito Santo habitando em você e trabalhando por seu intermédio. Jesus disse: "Mas receberão o poder quando o Espírito Santo descer sobre vocês" (At 1.8). E você tem o incomparável poder de Deus à disposição.

> A fim de que vocês conheçam [...] a incomparável grandeza do seu amor para conosco, os que cremos, conforme a atuação da sua poderosa força. Esse poder ele exerceu em Cristo, ressuscitando-o dos mortos e fazendo-o assentar-se à sua direita, nas regiões celestiais.
>
> Efésios 1.18-20

O mesmo poder que ressuscitou Jesus dentre os mortos está trabalhando dentro de nós? Sim. O mesmo poder.

Jesus declarou: "Digo-lhes a verdade: [Você não adora quando ele diz isto?] Aquele que crê em mim fará também as obras que tenho realizado. Fará coisas ainda maiores do que estas, porque eu estou indo para o Pai" (Jo 14.12). Qual a relação entre ir para o Pai e o poder que recebemos? Eis a explicação: assim que Jesus foi para o Pai, o Espírito Santo veio habitar nos cristãos. "Se vocês me amam, obedecerão aos meus mandamentos. E eu pedirei ao Pai, e ele lhes dará outro Conselheiro para estar com vocês para sempre, o Espírito da verdade" (Jo 14.15-17).

A sobrevivente do holocausto Corrie ten Boom passou os últimos anos de sua vida falando a homens e mulheres do mundo inteiro a respeito do Deus que a sustentou durante a prisão e a libertou dos campos de concentração nazistas. Durante uma de suas apresentações, ela ergueu uma luva branca feminina.

> "O que esta luva branca é capaz de fazer?", ela perguntou. "A luva não pode fazer nada. Ah, mas, se minha mão estiver dentro, ela poderá fazer muitas coisas [...] cozinhar, tocar piano, escrever. Bem, vocês dirão que não é a luva, mas a mão dentro da luva que faz isso. Sim, é verdade. Eu lhes digo que não somos nada além de luvas. A mão dentro da luva é o Espírito Santo de Deus. Será que a luva fará alguma coisa se estiver bem perto da mão? Não. A luva precisa ter a mão dentro dela para realizar o trabalho. É exatamente isso que ocorre conosco. Precisamos ter o Espírito Santo dentro de nós para realizar a obra que Deus nos preparou".[4]

Vou dizer uma coisa meio perigosa, em que eu mesma tenho dificuldade de acreditar. Quando afirmamos "Não sou digna o suficiente", é como se disséssemos que Jesus não é suficientemente digno ou que o Espírito Santo não é digno o bastante. Jesus está em nós (cf. Jo 14.20). O Espírito Santo está em nós (cf. Jo 14.17). E eles não são dignos? Claro que são.

Está na hora de você se ver como Deus a vê. Chega de andar em casas de espelhos com imagens distorcidas. É assim que Deus a vê:

- Você é filha de Deus (Jo 1.12).
- Foi completamente justificada (Rm 5.1).
- Está livre da condenação (Rm 8.1).
- Tem a mente de Cristo (1Co 2.16).
- Tornou-se justiça de Deus (2Co 5:21).
- Foi abençoada com bênçãos espirituais (Ef 1.3).
- É justa e santa (Ef 4.24).
- Foi redimida e perdoada de todos os seus pecados (Cl 1.14).
- É o lugar onde Cristo habita; ele vive em você (Cl 1.27).
- É plena em Cristo (Cl 2.10).
- É escolhida de Deus, santa e amada (Cl 3.12).
- Recebeu espírito de poder, de amor e de equilíbrio (2Tm 1.7).
- É participante da natureza divina (2Pe 1.4).

E isso, minha amiga, é apenas o começo. Fale esses versículos em voz alta. Fale à sua alma. Acredite na verdade acerca de quem você é. Você é mais que digna graças àquele que vive em você e trabalha por seu intermédio.

Paulo disse que não tinha "confiança alguma na carne" (Fp 3.3). Em outras palavras, ele não achava que os talentos ou habilidades de que dispunha o tornavam suficientemente digno.

Sua confiança baseava-se em quem ele era, no que possuía e no lugar que ocupava como filho de Deus. Alguém disse certa vez: "O homem embrulhado em si mesmo não passa de um pacote muito pequeno". Mas o homem (ou a mulher) embrulhado em Deus propicia uma visão e tanto.

Não estou defendendo a autoconfiança, mas a confiança em Deus — confiança em quem você é graças ao que Jesus fez por você e ao que o Espírito Santo pode fazer por seu intermédio. Jesus disse: "Eu sou a videira, vocês são os ramos. Se alguém permanecer em mim e eu nele, esse dará muito fruto; pois sem mim vocês não podem fazer coisa alguma" (Jo 15.5). Se estiver ligada à videira, você poderá cumprir inteiramente o chamado de Deus (cf. Fp 4.13).

Paulo sabia do que era capaz de realizar sozinho: nada. Sim, ele era atarefado. Todos nós podemos sê-lo. Mas produzir "frutos que permaneçam" é outra história. Era assim que ele via suas fraquezas pessoais:

> Por causa da grandiosidade daquelas revelações, para que eu não ficasse orgulhoso, recebi o dom de um obstáculo, que me mantém em contato permanente com minhas limitações. O anjo de Satanás fez o melhor que pôde para me derrubar, mas o que conseguiu foi me pôr de joelhos. Sem chance que eu ande de nariz empinado e orgulhoso! No princípio, eu não pensava nele como um dom, e pedi a Deus que o removesse. Repeti o pedido três vezes; então, ele me disse: "Minha graça é o bastante; é tudo de que você precisa. Minha força brota da sua fraqueza".
>
> Assim que ouvi isso, achei melhor me resignar. Desisti de ficar pensando na limitação e comecei a apreciar o dom. Foi uma oportunidade para que a força de Cristo trabalhasse na minha fraqueza. Agora enfrento com alegria essas limitações,

com tudo que me torna pequeno — abusos, acidentes, oposição, problemas. Simplesmente, permito que Cristo assuma o controle! E, quanto mais fraco me apresento, mais forte me torno.

2Coríntios 12.7-10, MSG

Uma pessoa confiante é alguém que anda na fé. Andamos na fé porque somos santas, escolhidas, redimidas, filhas amadas de Deus — que nos capacitou mediante o Espírito Santo —, equipadas por nosso Criador e envolvidas por Jesus Cristo.

A DANÇA DO DEFICIENTE FÍSICO

Em um verão, meu marido e eu demos uma fugida à bela ilha das Bermudas onde a água cristalina exibe um azul sem igual e o ar tem o aroma de hibiscos em florescência. Foram dias de longas caminhadas por praias de areia branca, ondas batendo em quebra-mares de pedra calcária e descobertas de cavernas longínquas esculpidas pelo mar. À noite, um milhão de rãzinhas verdes faziam serenata só para nós dois.

Uma dia, Steve e eu jantamos em um restaurante cinco estrelas lotado de homens e mulheres em traje a rigor. O salão de refeições em semicírculo tinha paredes de vidro com vista para o oceano Atlântico, fazendo que o vermelho-alaranjado do pôr do sol formasse nosso pano de fundo.

Em um dos cantos do salão, uma banda composta por quatro homens enchia o ambiente com músicas das décadas de 1940 e 1950. Steve e eu havíamos aprendido algumas danças de salão, por isso ele disse: — Levante-se, Sharon. Vamos dar um giro na pista de dança para ver se ainda sabemos dançar o foxtrote.

— De jeito nenhum — repliquei. — Ninguém está dançando. Não quero ser a única na pista e atrair todos os olhares para mim. Quando outros casais começarem a dançar, eu vou.

Finalmente outro casal dirigiu-se à pista de dança. Ambos pareciam dançarinos profissionais, movimentando-se no mesmo ritmo, sem jamais perder o compasso. Aquilo não me deixou nem um pouco animada; só serviu para fortalecer minha determinação de que aquele não era um lugar para eu pôr os pés.

O casal número um passou a dividir a pista de dança com o casal número dois, cujos passos não eram tão perfeitos.

— Está bem, agora vamos — eu disse. — Mas quero ficar no fundo, longe da vista dos outros.

Assim, dirigimo-nos ao nosso cantinho na pista de dança e tentamos lembrar o 1-2-3-4 do foxtrote. Enquanto dançávamos, notei um quarto casal aproximando-se da pista. Ambos chegaram com confiança — sem nenhuma hesitação ou timidez. Mas havia uma particularidade naquele casal. O homem estava em uma cadeira de rodas.

Ele aparentava meia-idade, era ligeiramente calvo e tinha a barba bem aparada. Usava luva branca na mão esquerda, talvez para cobrir uma doença de pele. Ambos usavam traje a rigor, mas o que exibiam de mais bonito era o sorriso radiante. O amor de um pelo outro iluminou o salão.

Quando a banda começou a tocar uma música animada, a mulher segurou a mão direita de seu amado e dançou com ele. Ele não se levantou da cadeira de rodas, mas aquilo não parecia ser problema. Dançaram juntos e separados como excelentes dançarinos. Ele a segurou pela mão e a fez girar enquanto ela dobrava o corpo para adaptar-se à altura da cadeira de rodas. Encantadora como uma fada, ela dançou ao redor da cadeira, ouvindo o riso dele transformar-se no quinto instrumento da banda. Apesar de não poder movimentar os pés no apoio de metal, ele balançava os ombros no ritmo perfeito, e seus olhos dançavam com os dela.

Meu coração comoveu-se a tal ponto que tive de esconder o rosto no ombro de Steve para ninguém ver as lágrimas correndo-me pelo rosto. Notei que todos os guardanapos de linho estavam sendo usados para enxugar olhos cheios de lágrimas. Até a banda se comoveu diante daquela cena de amor e devoção.

Logo depois, a música animada deu lugar a uma melodia romântica. A mulher puxou uma cadeira para perto do marido, e os dois se abraçaram ao ritmo da música. De rosto colado, eles movimentavam o corpo ao som da música romântica tocada ao piano. A certa altura, ambos fecharam os olhos e, imaginei, lembraram-se dos tempos em que a cadeira de rodas não lhes tolhia os movimentos.

Depois de observar aquela incrível manifestação de amor e coragem, percebi que minhas inibições de não querer que os outros vissem meus passos imperfeitos desapareceram. O Senhor falou ao meu coração de maneira poderosa:

> Sharon, quem levou esse pessoal às lágrimas? Foi o casal número um com seus passos perfeitos? Ou o último casal, que não deu passos perfeitos porque não podia? Não, minha filha, foi a manifestação de amor, não de perfeição, que comoveu esse pessoal. Se você me obedecer, farei por você o mesmo que aquela mulher fez pelo marido.

Eu estava orando havia vários meses sobre um chamado de Deus para ser coapresentadora de um programa de rádio e vice-presidente de um ministério internacional para mulheres. Já tinha argumentado com Deus, dizendo-lhe que não estava à altura — que não era digna o suficiente para servir. Assegurei-lhe que ele cometera um erro ao me escolher. Mas, da mesma forma que rebateu todos os argumentos de Moisés, Deus refutou os meus. Ele disse: "Eu estarei com você".

Meus passos nunca serão perfeitos, seja na pista de dança e, mais importante ainda, seja na vida. O Senhor, porém, não espera que sejam perfeitos. Ele só espera que eu ouça a voz dele, seja obediente, dê o primeiro passo de fé e deixe o resto por sua conta. O homem na cadeira de rodas não podia movimentar os pés, mas a esposa fez os movimentos para ele. E eu preciso lembrar que o Senhor fará isso por mim.

Também preciso lembrar que o mundo não necessita desesperadamente de passos perfeitos, não se impressiona com pessoas perfeitas que moram em casas perfeitas e têm filhos perfeitos. O mundo se impressiona com o amor sincero, inspirado por Deus. É isso que comove a multidão.

Naquela noite, nas lindas praias das Bermudas, o Senhor enviou um deficiente físico para me ensinar a dançar. Não tenho de me preocupar se sou digna o suficiente. Simplesmente preciso acompanhar os passos de Deus ou, melhor, dançar no ritmo dele, e ele fará o resto por mim.

E o fará também por você.

Reconheça a mentira: Não sou digna o suficiente.
Rejeite a mentira: Isso não é verdade.
Substitua a mentira pela verdade:

> "Naquele dia compreenderão que estou em meu Pai, vocês em mim, e eu em vocês".
>
> João 14.20

Mas vocês foram lavados, foram santificados, foram justificados no nome do Senhor Jesus Cristo e no Espírito de nosso Deus.

1Coríntios 6.11

Porque somos criação de Deus realizada em Cristo Jesus para fazermos boas obras, as quais Deus preparou antes para nós as praticarmos.

Efésios 2.10

Seu divino poder nos deu tudo de que necessitamos para a vida e para a piedade, por meio do pleno conhecimento daquele que nos chamou para a sua própria glória e virtude. Dessa maneira, ele nos deu as suas grandiosas e preciosas promessas, para que por elas vocês se tornassem participantes da natureza divina e fugissem da corrupção que há no mundo, causada pela cobiça.

2Pedro 1.3-4

7

Não tenho valor

Mentira: *Não tenho valor.*
Verdade: *Sou o tesouro pessoal de Deus (cf. Dt 14.2).*

Aline sentia-se inaceitável, desprezada e indigna do amor de Deus. Ela gostaria muito de saber o que Deus pensava realmente a seu respeito — o que via quando olhava para ela.

"Senhor, peço-te que fales comigo e digas como me vês", ela orou. "Sinto que não tenho nenhum valor".

Alguns dias depois de Aline ter clamado a Deus, ele lembrou-a de um dia especial ao ar livre, na escola. Foi como se Deus tivesse apertado o botão "play" na tela de sua memória. Aline tinha 10 anos e estava aguardando o sinal para iniciar a corrida de 100 metros rasos no *playground* da escola cristã onde estudava. Todos os outros alunos usavam uniforme azul-marinho, mas ela usava uma saia-calça de listras cor de laranja, verde e amarela, e blusa combinando.

O apito soou, e Aline correu o mais rápido que pôde, deixando as outras garotas para trás, até cruzar a linha de chegada.

A alguns metros de distância, o irmão mais velho de Aline e seus amigos assistiram ao evento da janela do segundo andar do colégio.

— Você viu sua irmãzinha vencer a corrida? — um dos garotos perguntou.

— Claro que vi — o irmão respondeu. — Era impossível não ver aquelas listras.

"Mais tarde, ao contar a história a meus pais", Aline lembrou-se, "meu irmão parecia muito orgulhoso de mim. Ele disse: 'Vocês precisavam ter visto. Havia uma longa fila de uniformes azuis e, de repente, um relâmpago colorido passou por todos eles. Foi espetacular!'".

Aline perguntou a Deus o que ele estava tentando lhe dizer ao trazer aquelas lembranças à sua memória.

"É assim que eu a vejo", ele parecia comentar. "Você se destaca do resto. Não precisa igualar-se a todos os outros e ser o que eles querem que você seja. Estou orgulhoso de você, da mesma forma que seu irmão naquele dia. Não tenha medo de ser diferente. Eu a criei como uma pessoa única. Eu a amo como você é. Você é a vencedora número um. É meu tesouro pessoal".

Valorizada e adorada

Outra mentira comum na qual as mulheres acreditam é que elas não têm valor. Acreditamos nas coisas humilhantes que ouvimos na infância: palavras de pais negligentes, de amigos e amigas insensatos, de professores grosseiros e colegas imprudentes.

Esse, porém, não é um problema novo. Nos tempos bíblicos, os fariseus oravam todos os dias: "Deus, eu te agradeço porque não sou gentio nem mulher".

Como Deus se sente a respeito disso? Deus exalta as mulheres.

Conforme vimos, em Gênesis, Deus criou o homem e a mulher à imagem dele. E no Novo Testamento vemos várias mulheres interagindo com Jesus e exercendo funções de grande valor em seu ministério.

A conversa mais longa que Jesus teve com alguém foi — você adivinhou — com uma mulher. Jesus desviou-se do caminho para conversar com uma samaritana quando ela tirava água do poço. Aquela mulher havia se casado e divorciado cinco vezes, e o homem com quem vivia não era seu marido. Ela sentia-se desvalorizada, mas Jesus não pensou assim quando se dirigiu a ela. Ele desviou-se do caminho para libertá-la.

Naquela época, era socialmente inaceitável um homem conversar com uma mulher em público. Mas Jesus entabulou uma conversa e chegou a pedir que lhe desse água para beber. A mulher conhecia todas aquelas restrições. "Como o senhor, sendo judeu, pede a mim, uma samaritana, água para beber?" (Jo 4.9). Jesus, porém, continuou a dirigir-se a ela com amor e compaixão. Não queria água para si mesmo; queria dar água para matar de maneira permanente a sede da alma daquela mulher.

Jesus colocou-se no nível dela. Olhou-a nos olhos, falou diretamente ao coração dela e ofereceu-lhe a dádiva mais incrível e inimaginável. Foi a primeira vez que Jesus revelou sua verdadeira identidade a alguém (v. 26). Ela aceitou a graça maravilhosa de Deus e correu à cidade para contar a novidade.

Quero dar-lhe outro exemplo. Ah, como gosto desta história! O fato ocorreu em um povoado judaico chamado Betânia, onde moravam os bons amigos de Jesus: Lázaro, Maria e Marta. Jesus e seus discípulos pararam ali para visitá-los e foram convidados a comer com eles. Havia um burburinho na casa e um clima de grande hospitalidade. Mas, em meio às batidas de potes e panelas, ao ruído da trituração de cevada e centeio e da moagem de trigo e ervas, Maria dirigiu-se à sala lotada de homens. Sentou-se no meio do "clube do Bolinha", pegou uma caneta e uma folha de papel (ou teria feito isso se os tivesse) e começou a anotar cada palavra de Jesus. Maria tornou-se uma discípula, uma aluna do Mestre.

Para você e para mim, esse fato não teria chamado atenção. Mas naquela época foi muito significativo. Inédito. As mulheres eram relegadas à cozinha, ao quarto e ao cômodo das crianças. Não conviviam com homens e, certamente, não se sentavam na sala para receber ensinamentos. O fato não passou despercebido a Marta. Ela ficou furiosa.

> Marta, porém, estava ocupada com muito serviço. E, aproximando-se dele, perguntou: "Senhor, não te importas que minha irmã tenha me deixado sozinha com o serviço? Dize-lhe que me ajude!" Respondeu o Senhor: "Marta! Marta! Você está preocupada e inquieta com muitas coisas; todavia apenas uma é necessária. Maria escolheu a boa parte, e *esta não lhe será tirada*".
>
> Lucas 10.40-42

Jesus não disse a Maria que saísse da sala. Recebeu-a como discípula, como alguém a quem ele deveria ensinar.

Outra vez, após a ressurreição de Jesus, a primeira pessoa a quem ele apareceu no jardim foi uma mulher: Maria Madalena (cf. Jo 20.1-18).

A névoa da madrugada pairava no jardim, em torno do sepulcro onde o corpo de Jesus havia sido enterrado três dias antes. Maria Madalena estava à beira do túmulo, chorando a morte de seu amado Jesus. De repente, quando ela piscou para enxergar melhor, viu uma cena inimaginável. A imensa pedra fora removida da entrada do sepulcro de Jesus.

"Como isso pode ter acontecido?", Maria pensou. "Quem teria levado o corpo de Jesus?"

Ela correu para contar aos discípulos o que vira. Pedro e João correram ao sepulcro vazio e viram apenas as roupas com as quais Jesus fora enterrado. Espantados, os homens voltaram para contar o que tinham visto. Mas Maria não arredou pé dali, chorando por aquele que ela amava.

Ao olhar dentro do sepulcro, ela viu dois anjos. Estes lhe perguntaram:

— Mulher, por que você está chorando?

— Levaram embora o meu Senhor — Maria respondeu entre lágrimas — e não sei onde o puseram.

Ao ouvir um ruído nos arbustos atrás de si, Maria virou a cabeça e viu a figura de um homem, como se estivesse sonhando.

— Mulher, por que está chorando? — o homem perguntou.

Maria imaginou que ele fosse o jardineiro:

— Se o senhor o levou embora, diga-me onde o colocou, e eu o levarei.

Jesus disse, então, uma só palavra:

— Maria!

Ao ouvir o próprio nome, ela reconheceu Jesus.

Não sei por que Jesus não se revelou a Pedro e João quando chegaram ao sepulcro. Não sei por que ele não se fez conhecer aos discípulos desanimados. Mas fico muito comovida ao saber que ele apareceu a essa mulher no jardim antes de aparecer ao mundo. Ele a honrou ao aparecer a ela. Confiou-lhe sua mensagem. Valorizou-a como a uma amiga preciosa.

Querida, Jesus está chamando seu nome. Ele se faz conhecido a você. Revela-se a você. Está chamando seu nome. Você é valorizada e adorada.

TOCADA E CURADA

Existe outra mulher que acreditava não ter nenhum valor (cf. Mc 5.25-34). Fazia doze anos que ela sofria de uma hemorragia que ninguém podia curar. Quanto mais dinheiro gastava no tratamento, mais sua condição piorava. O dinheiro havia ido embora, e o coração dela estava exaurido. Naquela época, as mulheres eram consideradas "impuras" durante a menstruação. E aquela mulher estava "impura" havia doze anos. Intocável. Inaceitável. Sem valor.

Ela, porém, ouvira falar de Jesus. "Ele cura enfermos. Ressuscita mortos. Devolve a visão aos cegos. Talvez ele possa me curar", pensou esperançosa.

Você é capaz de vê-la? Ela estava com a cabeça coberta, olhando para baixo, esperando que ninguém a reconhecesse enquanto atravessava a multidão.

"Se ao menos eu pudesse tocar em seu manto. Sei que não devo fazer isso em público, mas não tenho mais a quem recorrer. Lá está ele! Estou vendo!"

Imaginando que pudesse ser curada "secretamente", a mulher atravessou a multidão e tocou na ponta do manto de Jesus. Imediatamente a hemorragia cessou.

No entanto, o que aconteceu em seguida foi mais milagroso que sua cura física. Jesus interrompeu a caminhada com seus seguidores para reconhecer aquela que se considerava sem valor aos olhos do mundo.

Tão logo sentiu que dele havia saído poder, Jesus olhou ao redor e perguntou: "Quem tocou em mim?".

Os discípulos estranharam a pergunta. Havia centenas de pessoas aglomeradas ao redor de Jesus. Como ele podia perguntar: "Quem tocou em mim?". Jesus, porém, sempre conhece as intenções do nosso coração e soube diferenciar o toque de fé do toque dos seguidores.

A mulher poderia ter saído de fininho depois de ter sido curada, mas Jesus estava interessado em restaurá-la por completo, não só fisicamente. Tremendo de medo, ela prostrou-se aos pés de Jesus.

— Fui eu — disse chorando. — Sei que sou indigna de limpar a poeira de teus pés, mas sofro de uma hemorragia há doze anos. Tu eras minha única esperança. Perdoa-me, Senhor.

— Filha, a sua fé a curou! Vá em paz e fique livre do seu sofrimento (Mc 5.34).

Sim, Jesus estava a caminho de uma missão muito importante na casa de um dos dirigentes da sinagoga. A filha de Jairo estava agonizando, e Jesus ia fazer uma visita importante àquela casa. Apesar disso, aquela filha de Abraão também era importante para ele. Jesus interrompeu sua caminhada, olhou ao redor e curou-a física, emocional e espiritualmente. Ela foi merecedora. Você também é.

Amassada e pisoteada

O orador entrou no palco e pegou uma nota de 100 dólares.

"Quem quer esta nota de 100 dólares?", perguntou.

Mãos ergueram-se por toda a sala.

Em seguida, ele amassou a nota, jogou-a no chão e pisou nela. Segurando o dinheiro sujo e completamente amassado, ele perguntou: "E agora, quem quer esta nota?".

As mesmas mãos foram erguidas.

"É por isso que Deus continua a querer vocês", ele disse. "Talvez vocês estejam amassados e pisoteados. Talvez estejam rasgados ou dilacerados. Talvez estejam curvados ou em frangalhos. Mas isso não diminui seu valor perante Deus, da mesma forma que o valor desta nota não diminuiu apesar do que fiz com ela. Vocês continuam a ser valiosos e preciosos para o Deus que os escolheu, os redimiu e os ama como filhos."

> Como um pai tem compaixão de seus filhos,
> assim o Senhor
> tem compaixão dos que o temem;
> pois ele sabe do que somos formados;
> lembra-se de que somos pó.
>
> Salmos 103.13-14

Deus entende que somos criaturas irremediavelmente imperfeitas; mesmo assim, ele nos considera valiosas, por mais amassadas e pisoteadas que estejamos.

Vasos de barro

Paulo escreveu aos cristãos em Corinto: "Mas temos esse tesouro em vasos de barro, para mostrar que este poder que a tudo excede provém de Deus, e não de nós" (2Co 4.7). Talvez você e eu não sejamos atraentes por fora — somos vasos de barro comuns —, mas dentro de nós escondem-se tesouros maravilhosos. Dentro desses velhos jarros trincados encontra-se o maior de todos os bens: Jesus Cristo. E é isso o que nos torna pessoas de valor.

No livro *Mulherzinhas*, de Louisa May Alcott, a sra. March diz às suas três filhas, Meg, Jo e Amy:

> Eu só me preocupo com o que vocês pensam de si mesmas. Se acharem que seu valor está em ser figuras meramente decorativas, receio que um dia começarão a acreditar que não passam disso. O tempo corrói toda beleza. Mas ele não pode tirar as obras maravilhosas da mente de vocês — bom humor, bondade e coragem moral. É isso que prezo muito em vocês.
>
> [Tradução livre]

Nossa cultura atribui um valor vil à aparência das mulheres. Ornamentos exteriores não passam disso, ornamentos. Mas

Deus nos vê como simples jarros de barro que contêm tesouros valiosos, e é isso que nos torna belas aos seus olhos.

Porcos valiosos

Uma tribo africana assistiu, em sua própria língua, ao filme *Jesus*, produzido pela Cruzada Estudantil e Profissional para Cristo. Para levar a obra adiante, o ministério A Fé Vem pelo Ouvir entregou à tribo uma Bíblia em áudio e um *playback* digital.[1] Um grupo reuniu-se para ouvir a história em que Jesus cura um endemoninhado, registrada em Lucas 8.26-29.

> [Jesus e os discípulos] navegaram para a região dos gerasenos, que fica do outro lado do lago, frente à Galileia. Quando Jesus pisou em terra, foi ao encontro dele um endemoninhado daquela cidade. Fazia muito tempo que aquele homem não usava roupas, nem vivia em casa alguma, mas nos sepulcros. Quando viu Jesus, gritou, prostrou-se aos seus pés e disse em alta voz: "Que queres comigo, Jesus, Filho do Deus Altíssimo? Rogo-te que não me atormentes!" Pois Jesus havia ordenado que o espírito imundo saísse daquele homem. Muitas vezes ele tinha se apoderado dele. Mesmo com os pés e as mãos acorrentados e entregue aos cuidados de guardas, quebrava as correntes, e era levado pelo demônio a lugares solitários.

Jesus ordenou aos demônios que saíssem do homem e enviou-os a uma manada de porcos que estava nas proximidades dali. Os porcos atiraram-se em um precipício, caíram em um lago e se afogaram.

A comunidade tribal ficou perplexa ao ouvir a história. Todos conheciam o valor de um porco e sabiam muito bem quanto valia uma manada inteira. Por que Jesus fez aquilo? Por que permitiu que o meio de sustento deles fosse destruído?

Surgiram muitas perguntas entre os ouvintes. Então, o sábio chefe decidiu falar: "Talvez Jesus esteja nos mostrando que uma alma humana vale mais que a renda de uma tribo inteira".

Calei-me diante de sua resposta. A passagem foi um mistério para mim durante muitos anos, mas Deus revelou a verdade a um líder de tribo africano que ouviu a história pela primeira vez. Aquele homem entendeu quanto somos valiosos para Deus.

A VIDA SEM BRAÇOS E PERNAS

A câmera focalizou o rosto bonito do rapaz quando ele sorriu para a plateia e disse. "Meu nome é Nick Vujicic e sou australiano. Esta manhã, quero dar meu testemunho da graça, força e do consolo que Deus tem me concedido ao longo desta minha deficiência física. Quero dizer que vocês podem ter vitória, paz e alegria na vida, mesmo que suas circunstâncias não façam sentido ou que seu mundo tenha virado de cabeça para baixo."

A câmera afastou-se e mostrou um rapaz sem braços e sem pernas, sentado diante de uma plateia atônita. A seguir, assistimos a vários clipes nos quais ele se barbeava, tomava um copo d'água, subia a escada e mergulhava de cabeça em uma piscina.

Nascido sem pernas e braços, Nick tem um dos mais poderosos atributos humanos: a voz. Ele já fez mais de 1.600 palestras em doze países. "Não importa quem você seja, não importa o que esteja atravessando, Deus sabe de tudo", disse o rapaz. "Ele está com você. Vai ajudá-lo a vencer."

Vi Nick dirigir-se ao dr. Robert Schuller durante um culto na Crystal Cathedral, na Califórnia. Nick é um rapaz dinâmico de 24 anos. Contou a história de seus primeiros anos de vida sem os braços e as pernas. Não há explicação científica para Nick ter nascido assim, mas ele foi feito de modo especial e admirável. Sabe que Deus tem um plano para sua vida.

Do lado esquerdo, Nick tem um pé minúsculo com dois dedos na ponta. Ele o chama de "coxinha de galinha" porque é assim que se parece. Com aquele pé minúsculo e os dois dedos, Nick consegue digitar 43 palavras por minuto no teclado do computador. É graduado em ciências contábeis e planejamento financeiro, consegue andar e nadar, e leva multidões a se ajoelharem depois de ouvir suas palavras maravilhosas sobre a graça de Deus.

"Meu objetivo na vida é sair pelo mundo e dizer: 'Se eu posso confiar em Deus apesar das minhas circunstâncias, você também pode confiar nele apesar das suas circunstâncias'. Sabemos que a graça de Deus é suficiente, e, se ele não responde às suas orações, saiba que ele está ao seu lado. Esta é a mensagem dele: 'Não tenha medo, porque eu estou com você'".

Nick lembrou aos espectadores que não devemos comparar sofrimentos. As tribulações não dizem respeito ao que podemos ou não fazer. Dizem respeito ao que nos tornamos mediante o poder de Jesus Cristo, sejam quais forem as circunstâncias.

Nem sempre Nick foi tão positivo. Quando tinha 8 anos, quis suicidar-se e pulou da mesa da cozinha para quebrar o pescoço. Seu pai era pastor, e Nick cresceu frequentando a igreja e a escola dominical. Leu no salmo 139 que ele foi feito de modo especial e admirável. Leu em Jeremias 29.11 que Deus tinha um futuro e uma esperança para sua vida. "Que futuro eu posso ter?", ele se perguntava.

Nick achou que nunca se casaria, nunca seguraria a mão de sua esposa, não dançaria no dia de seu casamento nem seria capaz de abraçar os filhos quando chorassem. "Essas coisas eram importantes para mim", ele contou. "Ninguém tinha coragem de me dizer que tudo daria certo em minha vida. E mesmo que dissessem, eu não acreditaria."

Só quando chegou à adolescência foi que Nick orou a Deus pedindo que lhe desse braços e pernas. "A Bíblia dizia: 'Peçam, e lhes será dado'. Eu tinha fé, e estava muito zangado com Deus. Não entendia. Imaginava que não era digno o suficiente. Talvez fosse esse o motivo de não receber resposta dele. Eu sabia que braços e pernas não eram importantes para Deus, o criador do Universo, por isso orava para que minhas circunstâncias mudassem, nas nada aconteceu."

Deus não deu braços nem pernas a Nick, mas deu-lhe uma mensagem maravilhosa de esperança e propósito. Nick mostra ao mundo que a maior alegria que podemos sentir é a alegria de conhecer Cristo. Em alguns países, Nick teria sido morto após o nascimento. Teria sido abandonado em razão de suas limitações físicas. Mas Nick tem valor. Ele é um agente global de transformações e um dos homens poderosos de Deus na missão de proclamar a este mundo sofrido a esperança e a cura proporcionadas por Jesus Cristo. Nick tem um valor extraordinário, é precioso demais, e não se pode calcular o preço do que ele faz.

Nick diz algo que é exatamente o que quero que saiba: "Se o mundo disser que você não é digno o suficiente, é mentira. Peça uma segunda opinião".

Peça uma segunda opinião. Peça a opinião de Deus. Ele acha que Nick é uma pessoa extraordinária. Acha que você é uma pessoa extraordinária. Nick, sem braços nem pernas, pensou que não fosse digno de receber uma resposta de Deus para completá-lo fisicamente. Sentia-se desvalorizado. Mas, ah!, Deus tinha um plano maior. Está usando Nick para completar espiritualmente milhões de pessoas ao redor do mundo. Isso é incrível. Nick *é* digno o bastante. Nick é suficiente. Nick é incrivelmente valioso para Deus.²

O TOQUE DA MÃO DO MESTRE

Myra foi uma mulher assolada por uma grave artrite. Suas pernas ficaram entrevadas em uma cadeira de rodas, mas sua alma estava livre para sempre. Com um lápis em cada mão deformada pela doença, ela usava as borrachas nas pontas para datilografar as palavras na máquina de escrever. A alegria de seus esforços para datilografar as palavras superava a dor de criá-las.

Um dia, quando um amigo estava saindo da casa de Myra, ela bateu a mão de leve no braço da cadeira de rodas e disse: "Graças a Deus por isto!". Antes de ter de usar a cadeira de rodas, o talento de Myra estava escondido como um tesouro na areia. Mas, depois que a artrite lhe limitou os movimentos, o talento desabrochou. E Deus usou um de seus mais preciosos poemas para mostrar nosso extraordinário valor.

O toque da mão do Mestre

Batido e riscado estava, e o leiloeiro
Não deu muito valor ao violino;
Achou que não valia muito a pena,
Mas mesmo assim o segurou sorrindo.

"Quanto me dão por ele?", gritou.
"Quem começa a oferta? Vamos ver:
Um dólar, um dólar, quem dá mais?
Dois dólares, quem dá três?

"Três dólares. Dou-lhe uma, dou-lhe duas..."
Mas do meio da multidão

Um senhor de cabelos grisalhos
Veio e pegou no arco então.

Tirou o pó do velho violino,
As cordas soltas apertou
E tocou uma doce melodia
Que a todo mundo cativou.

A música parou, e o leiloeiro,
Agora falando de mansinho,
Disse: "Quanto dão pelo velho violino?"
E o segurou com muito carinho.

"Mil dólares, quem dá mais?
Dois, dois mil! E três, quem dá?
Três mil! Dou-lhe uma... dou-lhe duas...
Vendido!", disse ele pra fechar.

"Mas leiloeiro, o que mudou o valor?
Foi algo que disseste?"
Mas bem clara é a resposta:
Foi o toque do Mestre.

Muita gente triste e perdida,
Surrada pelo pecado, em desatino,
É menosprezada no leilão da vida,
Como o velho violino.

Mas, quando vem o Mestre,
A multidão não consegue supor
Que uma vida possa mudar tanto
Com um toque da mão do Senhor.

Ó Mestre! Estou desafinado.
Toca-me, Senhor, com a tua mão

Transforma-me, dá-me uma melodia
Para cantar a ti com o coração.

Myra Brooks Welch

Reconheça a mentira: Não tenho valor.
Rejeite a mentira: Isso não é verdade.
Substitua a mentira pela verdade:

> "Observem as aves do céu: não semeiam nem colhem nem armazenam em celeiros; contudo, o Pai celestial as alimenta. Não têm vocês muito mais valor do que elas?"
>
> Mateus 6.26
>
> Vocês não sabem que são santuário de Deus e que o Espírito de Deus habita em vocês?
>
> 1Coríntios 3.16
>
> Bendito seja o Deus e Pai de nosso Senhor Jesus Cristo, que nos abençoou com todas as bênçãos espirituais nas regiões celestiais em Cristo. Porque Deus nos escolheu nele antes da criação do mundo, para sermos santos e irrepreensíveis em sua presença. Em amor nos predestinou para sermos adotados como filhos, por meio de Jesus Cristo, conforme o bom propósito da sua vontade.
>
> Efésios 1.3-5

8

Sou um fracasso

Mentira: *Sou um fracasso.*
Verdade: *Tudo posso naquele que me fortalece (Fp 4.13).*

No penúltimo ano do colégio, Júlia participou de uma equipe de debate para apresentar sua argumentação em favor da vida. Fez pesquisas e exibiu fotografias incríveis do desenvolvimento da criança no útero da mãe. Venceu o debate e recebeu a nota mais alta possível. Seis meses depois, fez o primeiro aborto.

O simples fato de conhecer a verdade não garante que caminharemos na verdade. Júlia conhecia a verdade em termos racionais, mas não tinha coragem de aplicá-la à sua vida. "Eu não podia falar mais daquilo em que supostamente acreditava", Júlia lamentou. "Eu era um completo fracasso." Ela fez outros dois abortos enquanto cursava a faculdade e, com o passar do tempo, decidiu abandonar os estudos. Grávida pela quarta vez, ela fez as malas e voltou para a casa dos pais. Eles imaginaram que fosse a primeira gravidez da filha.

Daquela vez, Júlia sabia que teria o bebê, e assim foi.

Pedro, o apóstolo, e Júlia percorreram caminhos semelhantes. Júlia negou aos filhos o direito de viver, e Pedro negou a autoridade de seu Salvador.

Na última ceia que celebrou com os discípulos antes de enfrentar a cruz, Jesus avisou-os que em breve partiria.

— Senhor, para onde vais? — Pedro perguntou.

— Para onde vou vocês não podem seguir-me agora, mas me seguirão mais tarde — Jesus respondeu.

— Senhor, por que não posso seguir-te agora? Darei a minha vida por ti! Ainda que todos te abandonem, eu nunca te abandonarei! (Jo 13.37; Mt 26.33) — disse Pedro.

— Você dará a vida por mim? Asseguro-lhe que, antes que o galo cante, você me negará três vezes! (Jo 13.38) — Jesus então redarguiu.

Pedro, porém, declarou:

— Mesmo que seja preciso que eu morra contigo, nunca te negarei! (Mt 26.35).

Imagino que Jesus tenha olhado para Pedro com olhos de quem conhecia tudo e com o coração partido. "Claro que sim, meu companheiro", ele deve ter pensado. "Você morrerá comigo, mas não hoje."

Pedro estava muito seguro de si, mas, antes do nascer do sol, ele fez o oposto daquilo que suas palavras exageradamente confiantes proclamaram.

— Você não é um dos discípulos dele? — uma criada perguntou-lhe, no pátio da casa do sumo sacerdote.

— Não sou — Pedro disse.

— Você não é um dos discípulos dele? — alguém perguntou enquanto Pedro esquentava as mãos perto da fogueira.

— Não sou — respondeu Pedro.

— Você não é aquele que vi com Jesus no monte das Oliveiras? Não foi você que decepou a orelha de um parente meu? — outra pessoa o desafiou.

— Não sou! — Pedro falou pela terceira vez.

No exato momento da terceira negação, o galo cantou. Enquanto o horizonte começava a clarear para anunciar o novo dia, o coração de Pedro sofria por seu pecado. O discípulo chorou amargamente por sua covardia. Aquele pescador arrogante, impetuoso e efusivo se acovardou diante do olhar acusador de uma simples criada.

Meu receio é que tenhamos esquecido essa história na prateleira de alguma estante. Nós, os cristãos, temos a tendência de pôr as regras do beisebol acima da Palavra de Deus quando se trata do fracasso de nossos irmãos e irmãs — três rebatidas erradas e você está fora do jogo. Mas o Árbitro do Universo tem regras diferentes. Ele veste o manto de misericórdia e graça e convida-nos a voltar ao jogo.

DE VOLTA AO JOGO

Três dias depois de Jesus ter dado o último suspiro neste mundo, as mulheres que foram visitar o sepulcro informaram os discípulos acerca do túmulo vazio. Segundo o relato de Marcos, um anjo ordenou às mulheres que dissessem aos discípulos e a Pedro que Jesus estava vivo (cf. Mc 16.7). Eu gostaria de saber por que o anjo destacou o nome de Pedro. Será que Deus sabia que Pedro precisava de uma dose extra de graça e convicção por causa de seu erro?

Você é capaz de imaginar as batidas aceleradas do coração de Pedro enquanto ele corria ao sepulcro vazio? Em que estaria pensando ao levantar poeira atrás de si? Estaria com vergonha de encarar Jesus se ele estivesse vivo? Seria grato por outra chance? Jesus haveria de querer vê-lo?

Pedro encontrou-se com Jesus após a ressurreição. Não sabemos quantas vezes estiveram juntos ou sobre o que conversaram. Mas Deus nos permite testemunhar como Jesus abraçou e restaurou aquela "pedra" quebrada.

Depois de Jesus ter aparecido aos discípulos e a muitas outras pessoas, parece que a vida voltou ao normal. Pedro e João voltaram a fazer aquilo a que estavam acostumados: pescar. Certa manhã, assim que o sol surgiu no horizonte, eles viram que suas redes continuavam vazias. Um homem gritou da praia:

— Amigos, não pescaram nenhum peixe?
— Não — responderam.
— Lancem a rede do outro lado do barco e encontrarão peixes.

Quando as redes começaram a encher-se de peixes, João lembrou-se de um evento semelhante ocorrido três anos antes e entendeu que a voz na praia era de Jesus.

Pedro atirou-se na água e nadou até a praia enquanto os outros puxavam a pesca maravilhosa. Depois de comerem, Jesus chamou Pedro de lado e perguntou-lhe:

> "Simão, filho de João, você me ama mais do que estes?"
> Disse ele: "Sim, Senhor, tu sabes que te amo".
> Disse Jesus: "Cuide dos meus cordeiros".
> Novamente Jesus disse: "Simão, filho de João, você me ama?"
> Ele respondeu: "Sim, Senhor, tu sabes que te amo".
> Disse Jesus: "Pastoreie as minhas ovelhas".
> Pela terceira vez, ele lhe disse: "Simão, filho de João, você me ama?"
> Pedro ficou magoado por Jesus lhe ter perguntado pela terceira vez "Você me ama?" e lhe disse: "Senhor, tu sabes todas as coisas e sabes que te amo".
> Disse-lhe Jesus: "Cuide das minhas ovelhas".
>
> João 21.15-17

Os sentimentos de Júlia foram muito semelhantes aos de Pedro. "Neguei Jesus todas as vezes que atravessei a porta daquela clínica de abortos", ela disse. "Mas ele me chamou de lado e perguntou: 'Júlia, você me ama?'. E respondi como Pedro: 'Sim,

Senhor, tu sabes que te amo'. Eu achava que havia ido longe demais e que não poderia receber o perdão de Deus, mas ele mostrou-me que não há lugar distante demais para recebermos sua graça salvadora. Meu pecado não é maior que a graça de Deus."

INTERPRETAÇÃO ERRADA DO FRACASSO

É fácil pensar que um erro na vida tenha o poder de rotular nossa identidade como se ela mesma fosse um fracasso. É nisso que o inimigo quer que acreditemos. Se ele puder nos fazer sentir como se *fôssemos* um fracasso, será o vencedor.

Brennan Manning escreveu em seu livro *Abba's Child*:

> Era comum eu não me sentir seguro comigo mesmo, a não ser que tivesse um desempenho sem nenhuma falha. Meu desejo de ser perfeito transcendeu meu desejo por Deus. [...] Minha percepção embotada do fracasso e minha incompetência pessoal provocaram perda da autoestima, desencadeando episódios de depressão e grande ansiedade.[1]

O fracasso faz parte da vida, e quanto mais cedo aceitarmos que somos criaturas imperfeitas dependentes do Cristo perfeito, mais cedo nos libertaremos do jugo da perfeição. Não sou um fracasso; sou uma filha de Deus que às vezes fracassa.

O que é fracasso senão um padrão de comparação feito por homens para medir nossas realizações? Deus está muito mais interessado no processo do que no produto. Se, por obediência a Deus, eu tiver que perder um ótimo negócio, por exemplo, continuarei a ser um sucesso aos olhos divinos.

FRACASSOS FAMOSOS

Talvez você não esteja presa a um fracasso de natureza espiritual. Provavelmente a ideia de que você é um fracasso tenha se originado no fracasso de um casamento, de um emprego ou de tarefas simples. Reflita nisto:

- Após o primeiro teste de Fred Astaire para o cinema, em 1933, o diretor fez estas anotações: "Não sabe interpretar. Insignificante. Dança razoavelmente".
- Louisa May Alcott, autora de *Mulherzinhas*, foi aconselhada a encontrar trabalho como empregada doméstica ou costureira.
- O professor de violino de Beethoven disse certa vez que o aluno era uma "negação como compositor".
- Walt Disney foi demitido por um editor de jornal por falta de ideias.
- O professor de Thomas Edison disse que ele era idiota demais para aprender qualquer coisa.
- Albert Einstein só conseguiu falar depois dos 4 anos de idade e só aprendeu a ler aos 7 anos. Seus professores o descreveram como retardado mental.
- Isaac Newton teve péssimo rendimento na escola primária.
- Henry Ford fracassou e foi à falência cinco vezes antes de ser um homem bem-sucedido.
- Babe Ruth [há quem diga que ele foi o melhor jogador de beisebol de todos os tempos] foi recordista de *home-runs* (714 vezes), mas também foi recordista de *strikeouts* (1.330).
- Winston Churchill foi reprovado na sexta série.
- O primeiro livro infantil do dr. Seuss [Theodor Seuss Geisel], *And to Think that I Saw It on Mulberry Street* [E pensar que eu o vi na rua Mulberry], foi rejeitado por 27 editoras. A 28ª, Vanguard Press, vendeu 6 milhões de exemplares do livro.
- Em 1902, o editor de poesias da revista *Atlantic Monthly* devolveu os textos de um poeta de 28 anos de idade com o

seguinte bilhete: "Nossa revista não tem espaço para seus versos de linguagem forçada". O poeta era Robert Frost.

- Em 1889, Rudyard Kipling recebeu a seguinte carta do jornal *The San Francisco Examiner*, rejeitando seu trabalho: "Lamento muito, sr. Kipling, mas o senhor não sabe usar o idioma inglês".
- Um jogador de basquete desperdiçou 9 mil arremessos em sua carreira. Perdeu mais de trezentos jogos. Foi designado 21 vezes para fazer o arremesso que daria a vitória ao jogo e errou em todas elas. Seu nome é Michael Jordan. Ele disse: "Errei muitas vezes na vida. E foi por isso que obtive sucesso".

Essas pessoas se recusaram a acreditar que o fato de terem cometido erros as tornara um fracasso. Precisamos rejeitar a mentira do inimigo, que tenta nos chutar quando estamos no chão; precisamos dizer a verdade a nós mesmas. O fracasso pode ser o trampolim para o sucesso.

Agora me recordo da história de um homem que fracassou nos negócios em 1831; foi eleito para a legislatura e perdeu o emprego em 1832; foi eleito para a legislatura em 1834, mas teve um colapso nervoso em 1836; foi derrotado na disputa pela cadeira de presidente do Congresso norte-americano em 1838; foi derrotado quando se candidatou a membro do colégio eleitoral em 1840; foi derrotado quando se candidatou para ocupar uma vaga no Congresso em 1843; foi eleito para ocupar uma vaga no Congresso em 1846, mas acabou derrotado em 1848; foi derrotado por menos de cem votos para o Senado em 1850; foi derrotado quando se candidatou a vice-presidente em 1856, e para o Senado em 1858. Mas, em 1860, Abraham Lincoln foi eleito presidente dos Estados Unidos. Depois de perder a corrida para o Senado, Lincoln disse: "O caminho era exaustivo e escorregadio. Meus pés escorregavam sob mim, um empurrando o outro para fora do caminho, mas me recuperei e disse a mim mesmo: 'Foi um escorregão, não uma queda'".[2]

Certa vez um garotinho estava treinando beisebol sozinho no quintal. Atirou a bola para o ar, girou o corpo, mas não conseguiu agarrar a bola antes que ela caísse. Tentou repetidas vezes; porém, nada de conseguir pegar a bola de volta. Finalmente, ele se irritou e disse: "Cara, um dia vou ser lançador".

Que excelente perspectiva!

A SÍNDROME DO "NÃO CONSIGO"

Por volta dos 4 anos de idade, meu filho sofreu a síndrome do "não consigo". Se não obtivesse sucesso imediato em uma tarefa, sua tendência era atirar as mãozinhas rechonchudas para o alto e dizer: "Não consigo!".

Quando chegou o dia de treinar a andar de bicicleta, ele foi atacado por uma grave crise do tal "não consigo". Steven tentou, por várias horas, equilibrar-se nas duas rodas, mas caiu diversas vezes no chão.

— Não consigo — ele esbravejou.

— Você *ainda* não consegue — eu disse. — Mas vai conseguir. E quando aprender a andar de bicicleta, vai ser a coisa *mais divertida* de sua infância.

Steven fitou-me nos olhos, colocou as mãozinhas redondas no quadril e disse com voz pausada:

— Isto não é divertido e nunca vai ser divertido.

Ah, como me vejo naquele olhar! Muitas vezes, quando Deus está tentando ensinar-me uma lição de vida ou uma nova disciplina, eu perco o equilíbrio e quero desistir. Ele tira as rodinhas de segurança da bicicleta e coloca-me na estrada da maturidade, e às vezes eu levo um tombo. "Não consigo!", eu grito. "Isto não é divertido e nunca vai ser divertido."

Deus, porém, continua a ajudar-me, segurando na parte traseira da bicicleta até eu aprender a me equilibrar e seguir em frente. Vejo-me atravessando a pista da vitória enquanto Deus sorri com alegria e satisfação.

Alguns dias depois de declarar-se derrotado, Steven saiu pela porta da rua, sentou-se em sua pequena bicicleta vermelha e pedalou pelo jardim sem perder o equilíbrio uma só vez. E quer saber? Pedalar a bicicleta *foi mesmo* a coisa mais divertida que ele fez na infância.

Um garoto que disse "Deus consegue"

Quando Deus falou a Moisés no meio da sarça ardente e chamou-o para ser o líder dos israelitas e tirá-los da escravidão no Egito, Moisés foi acometido de um caso grave de "não consigo".

"Por favor, escolha outra pessoa", ele disse.

No entanto, quando Deus chamou o garoto Davi para matar um gigante, o garoto disse: "Deus consegue fazer isso por meio de mim". Esse jovem pastor de ovelhas se tornou conhecido durante o reinado de Saul. Os israelitas estavam em guerra com um povo poderoso, os filisteus. As duas facções guerreiras acamparam-se em lados opostos nas encostas das colinas, separadas por um vale. Os filisteus tinham uma arma secreta chamada Golias. O homem tinha 2,90 metros de altura, usava um capacete de bronze e vestia uma couraça de escamas de bronze que pesava 60 quilos.

Durante quarenta dias, de manhã e à tarde, o gigante de 2,90 metros aproximou-se da linha da batalha, gritando com os israelitas, insultando-os e desafiando-os a encontrar alguém capaz de enfrentá-lo em um duelo. O povo escolhido de Deus ficou apavorado e encolheu-se de medo.

Um dia, o pai de Davi ordenou-lhe que levasse comida a três de seus irmãos que estavam no acampamento do exército israelita. Quase posso vê-lo saltando de pedra em pedra, alheio aos problemas do mundo. Ao ouvir os gritos de guerra, ele deixou a comida no acampamento, correu até a linha de batalha e presenciou toda aquela comoção. Assim que Davi se aproximou, Golias avançou e gritou suas habituais palavras desafiadoras. Os soldados deram meia-volta e correram, mas Davi não saiu do lugar. Em meio a uma nuvem de poeira, ele perguntou: "Quem é esse filisteu incircunciso para desafiar os exércitos do Deus vivo?" (1Sm 17.26).

Confiante, o jovem pastor de ovelhas declarou: "Ninguém deve ficar com o coração abatido por causa desse filisteu; teu servo irá e lutará com ele [...] O SENHOR que me livrou das garras do leão e das garras do urso me livrará das mãos desse filisteu" (v. 32,37).

Ah, eu adoro essa passagem. Adoro mesmo! Davi recusou-se a usar a armadura pesada e incômoda oferecida por Saul e pegou cinco pedras lisas em um riacho nas proximidades dali. Endireitou o corpo o mais que pôde para aparentar mais altura, firmou-se em suas pernas magras de adolescente e gritou ao inimigo de porte gigantesco:

> Você vem contra mim com espada, com lança e com dardos, mas eu vou contra você em nome do SENHOR dos Exércitos, o Deus dos exércitos de Israel, a quem você desafiou. Hoje mesmo o SENHOR o entregará nas minhas mãos, eu o matarei e cortarei a sua cabeça. Hoje mesmo darei os cadáveres do

exército filisteu às aves do céu e aos animais selvagens, e toda a terra saberá que há Deus em Israel. Todos os que estão aqui saberão que não é por espada ou por lança que o SENHOR concede vitória; pois a batalha é do SENHOR, e ele entregará todos vocês em nossas mãos.

1Samuel 17.45-47

Assim que o filisteu começou a se aproximar, Davi investiu contra o inimigo, colocou uma pedra lisa na atiradeira e mirou o alvo. A pedra atingiu Golias na testa, fazendo-o cair com o rosto no chão. Você é capaz de imaginar a surpresa dos israelitas, o susto dos filisteus e o sorriso dos anjos quando Davi pôs os pés sobre a armadura no peito do gigante?

Tenho vontade de gritar: "É isso aí! Incentive o time da casa!".

Há um ponto que eu gostaria de analisar com você. Moisés foi um homem que se acovardou quando Deus o chamou para ser líder. Davi foi um rapaz que pegou o touro pelos chifres — ou melhor, o gigante pela cabeça — quando enfrentou o inimigo de Deus. O que fez a diferença? Moisés olhou para suas aptidões e disse: "Não consigo. Não tenho capacidade para isso". Davi olhou para o Deus dos exércitos e disse: "Deus consegue. Ele tem capacidade para isso".

Seja qual for o problema que você esteja enfrentando hoje — sejam quais forem os gigantes em seu caminho —, se Deus lhe der a visão, também lhe dará os meios para vencer. Ele não chama necessariamente os equipados, mas sempre equipa os que são chamados. Você tem capacidade. Deus concedeu-lhe o poder do Espírito Santo. Esse mesmo poder transformou Pedro, um covarde que negou conhecer Jesus, em um líder corajoso que falou com confiança e entusiasmo após a ascensão de Cristo.

Satanás deseja que acreditemos que não temos capacidade. A verdade de Deus é que temos tudo de que necessitamos. O poder do Espírito Santo nos foi concedido, habita em nós e trabalha por nosso intermédio. Mas há um elemento essencial: o poder é concedido *aos que creem* (cf. Ef 1.18-20).

Satanás me diz: "Você não consegue".

Deus me diz: "Eu já consegui".

O único obstáculo que nos impede de cumprir o chamado de Deus e de ser tudo o que ele planejou para nós é a falta de fé. Isso ocorreu com os israelitas a caminho de Canaã e ocorre com você e comigo a caminho de nossa terra prometida. Jesus disse: "Tudo é possível àquele que crê" (Mc 9.23).

Se Deus a chamou para realizar determinada obra, ele a ajudará a concluí-la. Creia nesta verdade: "Tudo posso naquele que me fortalece" (Fp 4.13).

O enterro do "não consigo"

Chick Moorman estava visitando várias salas de aula quando chegou à classe da quarta série na qual estava Donna. Parecia uma sala de aula típica do ensino fundamental, mas havia algo diferente no dia em que ele entrou ali pela primeira vez. Havia uma sensação de euforia no ar. Vamos deixar que Chick conte o que viu naquele dia.

> Donna era uma professora veterana de uma cidadezinha de Michigan, e faltavam apenas dois anos para sua aposentadoria. Trabalhava também como voluntária em um projeto de âmbito nacional que eu organizara e com o qual colaborara. O treinamento concentrava-se em ideias artísticas de linguagem, capazes de incentivar os alunos a se sentirem bem consigo mesmos e a assumir a responsabilidade sobre sua vida. O trabalho

de Donna era assistir às sessões de treinamento e implementar os conceitos apresentados. Meu trabalho era visitar as salas de aula e encorajar a implementação dos conceitos.

Sentei-me em um lugar vazio no fundo da sala e fiquei observando. Todos os alunos estavam trabalhando em uma tarefa, preenchendo uma folha de caderno com pensamentos e ideias. Uma aluna de 10 anos, mais próxima a mim, estava enchendo uma folha de "Não consigo".

"Não consigo chutar a bola de futebol adiante da segunda base."
"Não consigo fazer divisões longas com mais de três números."
"Não consigo convencer Debbie a gostar de mim."

A página já estava pela metade, e a menina não mostrava sinais de parar. Trabalhava com determinação e persistência.

Caminhei entre as fileiras de bancos, olhando de relance as folhas de papel dos alunos. Todos estavam escrevendo o que não conseguiam fazer.

"Não consigo fazer dez flexões."
"Não consigo fazer a bola ultrapassar o muro à esquerda do campo."
"Não consigo comer um biscoito só."

A esta altura, a atividade despertou minha curiosidade, então decidi verificar com a professora o que estava acontecendo. Ao me aproximar, notei que ela também estava ocupada, escrevendo. Achei melhor não interrompê-la.

"Não consigo trazer a mãe de John para uma reunião com os professores."
"Não consigo convencer minha filha a abastecer o carro."
"Não consigo convencer Alan a usar palavras em vez de socos."

Frustrado em meus esforços para saber por que os alunos e a professora concentravam-se em frases negativas em vez de escrever frases positivas com "Eu consigo", voltei ao meu lugar e continuei a observar. Os alunos escreveram por mais dez minutos. A maioria encheu a página. Alguns iniciaram outra.

"Terminem a página e não comecem outra", foram as instruções de Donna ao anunciar o fim da atividade. Os alunos foram instruídos a dobrar as folhas de papel ao meio e levá-las à mesa da professora, para depositar as frases "Não consigo" em uma caixa de sapatos vazia.

Depois que todos os papéis foram colocados na caixa, Donna colocou o dela. Tampou a caixa, colocou-a embaixo do braço e saiu pela porta de acesso ao corredor. Os alunos seguiram a professora. Eu segui os alunos.

Na metade do corredor, o grupo parou. Donna entrou na sala do administrador, remexeu daqui, remexeu dali e apareceu com uma pá. Segurando a pá em uma das mãos e a caixa de sapatos na outra, Donna conduziu os alunos ao canto mais afastado do *playground*. Ali, começaram a cavar...

A escavação levou mais de dez minutos porque a maioria dos alunos da quarta série quis participar. Quando o buraco atingiu quase um metro de profundidade, a escavação terminou. A caixa dos "Não consigo" foi depositada no fundo do buraco e rapidamente coberta com terra.

Trinta e uma crianças de 10 e 11 anos permaneceram em pé, em torno da sepultura recém-cavada. Cada uma havia deixado uma página cheia de "Não consigo" na caixa de sapatos, um metro abaixo da superfície. A professora também.

Nesse ponto, Donna anunciou: "Meninos e meninas, por favor, deem as mãos uns aos outros e curvem a cabeça". Os alunos obedeceram e formaram um círculo ao redor da sepultura. Curvaram a cabeça e aguardaram. Donna proferiu a "homenagem póstuma".

"Amigos, estamos hoje aqui reunidos para homenagear a memória do 'Não consigo'. Enquanto esteve conosco aqui na terra, ele tocou a vida de todos nós, mais de uns que de outros. Seu nome, infelizmente, tem sido mencionado em instituições públicas — escolas, prefeituras, assembleias legislativas e, sim, até mesmo na Casa Branca.

"Providenciamos um local para o descanso final do 'Não consigo' e uma lápide com seu epitáfio. Ele será substituído por seus irmãos e irmãs 'Eu consigo', 'Eu vou' e 'Eu vou imediatamente'. Eles não são tão conhecidos como seu famoso parente e, certamente, ainda não são tão fortes e poderosos. Talvez um dia, com a ajuda de vocês, eles possam deixar uma marca muito maior no mundo.

"Que o 'Não consigo' descanse em paz e que todos nós aqui presentes possamos retomar nossas atividades e seguir avante em sua ausência. Amém".

Enquanto ouvia a homenagem, entendi que aqueles alunos jamais esqueceriam a lição. A atividade foi simbólica: uma metáfora da vida. Foi uma experiência direta que ficaria gravada para sempre no consciente e no inconsciente de cada um.

Escrever frases com "Não consigo", enterrá-las e ouvir a homenagem póstuma foi um grande esforço da parte da professora. E ela ainda não terminara. Ao concluir a homenagem, ordenou aos alunos que dessem meia-volta, conduziu-os novamente à sala de aula e promoveu uma festa.

Comemoraram a morte do "Não consigo" com biscoitos, pipoca e suco de fruta. Como parte da comemoração, Donna recortou uma grande lápide de papelão e escreveu as palavras "Não consigo" na parte superior, "Descanse em paz" no centro, e a data embaixo.

A lápide de papel ficou dependurada na sala de aula de Donna até o fim do ano. Nas raras ocasiões em que um aluno esquecia e dizia "Não consigo", Donna apontava para o "Descanse em paz" escrito na lápide. O aluno, então, lembrava que o "Não consigo" estava morto e reformulava a frase.

Eu não era aluno de Donna. Ela era minha aluna. Mesmo assim, naquele dia aprendi uma lição duradoura com ela.

Agora, anos depois, sempre que ouço a frase "Não consigo", vejo imagens daquele enterro feito pelos alunos da quarta série. Como os alunos, eu também lembro que o "Não consigo" está morto.³

Talvez você, da mesma forma que os alunos de Donna, necessite realizar um enterro semelhante. Faça uma lista de todos os "Não consigo" e enterre-a. Escreva um necrológio e coloque-o em lugar de destaque para que possa vê-lo com frequência. "Não consigo?" Que bobagem! "Tudo posso naquele que me fortalece."

> *Reconheça a mentira:* Sou um fracasso.
> *Rejeite a mentira:* Isso não é verdade.
> *Substitua a mentira pela verdade:*
>
> Tudo posso naquele que me fortalece.
> Filipenses 4.13
>
> Mas temos esse tesouro em vasos de barro, para mostrar que este poder que a tudo excede provém de Deus, e não de nós.
> 2Coríntios 4.7
>
> Seu divino poder nos deu tudo de que necessitamos para a vida e para a piedade, por meio do pleno conhecimento daquele que nos chamou para a sua própria glória e virtude.
> 2Pedro 1.3
>
> Àquele que é capaz de fazer infinitamente mais do que tudo o que pedimos ou pensamos, de acordo com *o seu poder que atua em nós*, a ele seja a glória na igreja e em Cristo Jesus, por todas as gerações, para todo o sempre! Amém!
> Efésios 3.20-21
>
> Consagre ao Senhor tudo o que você faz, e os seus planos serão bem-sucedidos.
> Provérbios 16.3

9

Não consigo perdoar a mim mesma

MENTIRA: *Não consigo me perdoar.*
VERDADE: *Portanto, já não há condenação para os que estão em Cristo Jesus (Rm 8.1).*

Querida Sharon,
Acabo de ler um de seus devocionais sobre graça e perdão. Você mencionou uma mulher que fez três abortos e se recusava a perdoar a si mesma. Aquilo me tocou profundamente porque, veja, fiz um aborto onze anos atrás. É a primeira vez que escrevo isto. Afastei-me do caminho de Deus e fiquei zangada com ele por causa de uma situação extremamente dolorosa em minha vida. Eu havia orado muito a respeito de algo que eu queria e culpei Deus pelos resultados obtidos. Foi um período sombrio em minha vida. Afastei-me de Deus e vivi de maneira desregrada. Naquele período, engravidei e fiz um aborto. Ninguém ficou sabendo... ninguém.

Eu gostaria de voltar no tempo e mudar as coisas. Daria minha vida para trazer aquela criança de volta, mas não posso. Tenho pedido a Deus que me perdoe e sei que a Palavra de Deus diz que ele é "fiel e justo para perdoar os meus pecados" e "não se lembrará mais deles". Ainda assim, não consigo me perdoar.

Ao contrário da mulher em seu devocional, eu era cristã quando fiz o aborto. Na época, estava muito longe de Cristo, mas sabia que estava cometendo um erro. Acho que é por isso que tenho tanta dificuldade em aceitar o perdão dele. Dei ouvidos à voz do inimigo em vez de dar ouvidos à voz de Deus. O Espírito Santo continuou a tentar falar comigo, mas não quis ouvi-lo. É por isso que tenho dificuldade em me perdoar. Penso que seja mais fácil aceitar o perdão de Cristo no momento em que passamos a conhecê-lo, mas estou lutando porque já era cristã.

Como posso me perdoar?

Kimberly não está sozinha na luta para perdoar a si mesma, e essa luta tem as impressões digitais de Satanás por toda parte. O inimigo sabe que ela foi perdoada no momento em que pediu perdão a Deus. Satanás não pode fazer nada a esse respeito, mas pode impedi-la de *sentir-se* perdoada. Enquanto ela continuar a sentir-se condenada, a mentira de Satanás a impedirá de andar na liberdade que Deus concede mediante sua graça.

A CONFISSÃO PURIFICADORA

O que eu disse a Kimberly? Mencionei o rei Davi, um homem que amava a Deus de todo o coração. Foi ungido futuro rei de Israel quando era menino, matou o gigante filisteu Golias com uma atiradeira e uma pedra quando era adolescente, e foi o único que conseguiu levar a arca da aliança de volta a seu lugar, em Jerusalém. Mas, cerca de dez anos depois de ter assumido a posição de rei, quando os soldados haviam partido para a guerra, Davi resolveu não acompanhar seus homens ao campo de batalha. Era primavera, e ele permaneceu no palácio, onde não deveria estar e sem fazer o que deveria.

Uma tarde, Davi decidiu apreciar o ar fresco e foi passear no terraço do palácio. Enquanto olhava ao redor, viu a linda esposa de seu vizinho tomando banho. Em vez de dar meia-volta, Davi fixou o olhar na visão sedutora e quis para si o que viu. Indagou a respeito da mulher e descobriu que era Bate-Seba, mulher de Urias, um dos soldados enviados ao campo de batalha. Davi mandou buscá-la, e, naquela noite de paixão, a mulher engravidou. O rei ordenou que Urias voltasse para casa para um período de descanso, na esperança de que o soldado dormisse com a esposa e acreditasse que o filho era legítimo.

No entanto, o leal Urias não pensou da mesma maneira. Ele disse:

> "A arca e os homens de Israel e de Judá repousam em tendas; o meu senhor Joabe e os seus soldados estão acampados ao ar livre. Como poderia eu ir para casa para comer, beber e deitar-me com minha mulher? Juro por teu nome e por tua vida que não farei uma coisa dessas!".
>
> 2Samuel 11.11

A lealdade de Urias frustrou o estratagema de Davi, que, então, ordenou ao comandante do exército que pusesse o marido de Bate-Seba na linha de frente e se afastasse, deixando o soldado exposto e desprotegido. Pode-se dizer que a morte de Urias ocorrera como se o coração do guerreiro tivesse sido fincado pela espada do próprio Davi.

Lembro-me da primeira vez em que ouvi essa história. Meu coração se comoveu ao pensar que uma pessoa tão próxima de Deus foi capaz de cometer um erro tão deplorável. Comecei, então, a entender que isso poderia ter acontecido com qualquer pessoa... inclusive comigo.

Davi não se arrependeu. Manteve o pecado oculto como um câncer a corroer-lhe a alma. Ele escreveu:

> As minhas culpas me afogam;
> são como um fardo pesado e insuportável.
> Minhas feridas cheiram mal e supuram
> por causa da minha insensatez.
>
> Salmos 38.4-5

Só tempos depois, quando o profeta Natã o interpelou, foi que Davi confessou sinceramente seu pecado, arrependeu-se e voltou-se para Deus. E o que Deus fez? Perdoou ao rei.

Davi ficou preso nas garras da culpa, sem saber se seria libertado. Mas a misericórdia chegou trazendo a chave do perdão e escancarou a porta da prisão. Davi teve de dar os passos necessários para sair da prisão e entrar no reino da graça.

Não importa o que fizemos, Deus não quer que permaneçamos presas na armadilha da culpa. "Foi para a liberdade que Cristo nos libertou" (Gl 5.1). Jesus veio ao mundo não apenas para que tivéssemos vida eterna após a morte física, mas também para que tivéssemos vida abundante a partir de nosso nascimento espiritual.

Não quero de forma alguma diminuir a gravidade do pecado. Nem quero diminuir a verdade da graça. Nossa natureza pecaminosa antes de aceitarmos Cristo é o elemento que nos separa de Deus. Mas, quando recorremos a Deus e confessamos nossos pecados, a Bíblia promete que "ele é fiel e justo para perdoar os nossos pecados e nos purificar de toda injustiça" (1Jo 1.9).

E a Bíblia prossegue: "Se afirmarmos que não temos cometido pecado, fazemos de Deus um mentiroso, e a sua palavra não está em nós" (v. 10). Não conheço ninguém capaz de afirmar sinceramente que não cometeu pecado. Por outro lado, todos os dias conheço pessoas que acreditam que não foram perdoadas. Vamos, portanto, analisar esses versículos por alguns instantes.

Confessar é concordar com Deus que pecamos. É inútil pensar que podemos guardar os pecados dentro de nós. Deus conhece cada movimento nosso, cada pensamento e cada palavra que proferimos. O pecado não confessado obstrui o canal por onde o poder de Deus flui. A confissão e o arrependimento removem o bloqueio e abrem o canal para que o Espírito volte a fluir livremente.

Podemos concordar com Deus que pecamos — confessar o pecado — e, mesmo assim, continuar nas trevas; isso acontece quando recusamos a aceitar e crer que fomos perdoados. Beth Moore diz:

> Concordar com Deus que fomos perdoados é tão importante quanto concordar com Deus que pecamos. Se Satanás não conseguir nos tentar a esconder nosso pecado e recusar a confessá-lo, ele nos tentará a não aceitar o perdão e a purificação. Se persistirmos nesse sentimento negativo, pensaremos de forma destrutiva e, com o tempo, agiremos sob sua influência. Não permita que Satanás seja o vencedor![1]

Dizer "Eu não me sinto perdoada" é permitir que os sentimentos sobrepujem a verdade. A verdade é sempre verdade, quer acreditemos quer não. Mas, quando acreditamos na verdade, nos libertamos. É daí que o poder se origina — de acreditarmos em Deus.

O que Deus exige? "Se confessarmos os nossos pecados, [Deus] é fiel e justo para perdoar os nossos pecados e nos purificar de toda injustiça." Por que exigir mais de nós do que o nosso próprio Criador?

O ARREPENDIMENTO VERDADEIRO

Muitas pessoas não se sentem perdoadas porque não compreendem o significado do arrependimento verdadeiro. Arrependimento significa afastar-se do pecado e voltar-se para Deus. É a mudança de mentalidade que nos leva a mudar de direção.

Quando os líderes religiosos levaram a Jesus a mulher surpreendida em adultério, ele não a condenou. Perdoou-lhe o pecado. Porém, antes que ela fosse embora, Jesus disse: "Agora vá e abandone sua vida de pecado" (Jo 8.11). Esse é o segredo do arrependimento verdadeiro. É mais que lamentar ter sido surpreendida em pecado. É um arrependimento profundo e sincero de haver desobedecido a Deus. É a mudança de mentalidade que muda a pessoa por inteiro.

José, um rapaz bem-apessoado e de belo porte físico, trabalhava na casa de Potifar. A mulher de Potifar sentiu-se atraída por aquele novo escravo e tentou seduzi-lo em várias ocasiões. "Vamos, deite-se comigo!", ela dizia com voz sedutora.

José, porém, disse: "Como poderia eu, então, cometer algo tão perverso e pecar contra Deus?" (Gn 39.9).

Ah, quem dera enxergássemos nosso pecado sob essa luz — não apenas nos preocuparmos em ser surpreendidas em pecado, mas termos o coração quebrantado só em pensar que decepcionamos Deus.

Davi acreditava em Deus quando pecou. Mas Deus perdoou-lhe o pecado e abençoou seu reino. Pedro era um discípulo quando negou três vezes que conhecia Jesus. Mas Jesus perdoou-lhe o pecado e ampliou seu ministério. Não encontramos nenhum exemplo de Deus virando as costas a alguém que esteja verdadeiramente arrependido.

Muitas pessoas acreditam que o arrependimento, a confissão e o pedido de perdão são atitudes simples demais diante do erro cometido. Acham que precisam fazer penitência ou pagar pelo pecado antes de receber perdão. Mas não há nada que possamos fazer para apagar nosso erro. Nenhuma penitência será suficiente, por maior que seja. Nada poderá lavar a mancha do pecado, a não ser o sangue de Jesus. Não podemos fazer isso. Jesus já o fez por nós.

A SOMBRA DA VERGONHA

As duas maiores armas de Satanás contra as mulheres de hoje são a vergonha e a condenação. Apesar de sabermos que Deus nos perdoou, muitas de nós nos vestimos de trapos sujos todas as manhãs. Veja o que estas mulheres disseram:

> Entre os 20 e os 30 anos de idade fiz três abortos. Tive enorme dificuldade em me perdoar. Em meu estudo bíblico, estávamos falando de pureza sexual. Umas poucas mulheres se abriram e contaram que fizeram aborto. Eu não podia dizer que havia feito três. Continuo tendo enorme dificuldade em me perdoar. No íntimo, sei que estou perdoada, mas Satanás controla minha mente nesse aspecto, e continuo a sentir vergonha. Hoje sou casada e tenho três filhos. Minha filhinha sofre de convulsão desde os 5 meses de idade, e às vezes me pergunto se isso não seria um castigo de Deus. Mas, enquanto escrevo isto, Deus me lembra de que foi o problema de minha filha que me levou a voltar-me para ele e dedicar minha vida à causa de Cristo. Minha filha é a razão do meu crescimento espiritual. Não é um castigo, certo? É uma bênção.

• • •

> Tive um caso amoroso pouco tempo atrás. Pedi perdão a Deus muitas vezes. Satanás, porém, continua a me lembrar daquilo. Sei que Deus e meu marido me perdoaram. Mas tenho atravessado períodos de autodestruição. Preciso aprender a livrar-me disso de uma vez por todas.

Se estamos sentindo condenação, ela não procede de Deus. Satanás é quem condena. O Espírito Santo nos declara culpadas.

Como saber a diferença? Satanás nos acusa para que nos sintamos condenadas. O Espírito Santo nos declara culpadas a fim de nos levar ao arrependimento (cf. 2Co 7.9-10). Assim que nos arrependemos e pedimos perdão, somos purificadas e ponto final. Se os sentimentos de condenação persistirem é porque demos ouvidos à acusação do inimigo, demos ouvidos à mentira.

Temos de admitir que a culpa é um motivador poderoso. Pais, professores, amigos, crianças, maridos e esposas se utilizam dela. Eu, porém, me recuso a usar a culpa como motivador porque ela é a linguagem do inimigo. E eu quero ficar o mais longe possível do idioma do inimigo. Quando sentir o desejo de usar palavras cheias de culpa, não as profira. Rejeite-as.

O sentimento de não ser capaz de se perdoar é carregado de emoções negativas: raiva de si mesma e autoacusações. Satanás tenta nos manter em um estado mórbido de aversão por nós mesmas; isso faz parte de seus deveres como "acusador dos irmãos". A acusação se apresenta em forma de "você merece o que está sofrendo". "Fez a cama, agora deite-se nela." E pior: "Fez a cama, agora não saia dela".

Satanás sabe que o mais leve sussurro de culpa é facilmente recebido por um coração frágil e espoliado pela vida. Não permita que o inimigo a convença de permanecer na prisão da culpa e da vergonha. A sentença já foi proferida. Você está livre.

A LIBERDADE DO PERDÃO

Esta é a promessa: "Se confessarmos os nossos pecados, ele é fiel e justo para perdoar os nossos pecados e nos purificar de toda injustiça" (1Jo 1.9). Eu sei que isso já foi dito aqui, mas merece ser repetido.

Deus sabe que muitas de nós continuamos a nos sentir condenadas. João escreveu: "Assim saberemos que somos da verdade, e tranquilizaremos o nosso coração diante dele quando o nosso coração nos condenar. Porque Deus é maior do que o nosso coração e sabe todas as coisas" (1Jo 3.19-20). Nosso coração poderá nos condenar, mas a explicação mais simples é esta: não é verdade.

Nossa autocondenação não pode impedir o perdão de Deus, mas pode ser um obstáculo que não nos permita andar em liberdade. E quem segura o megafone da condenação? O inimigo. Ele não pode fazer nada para impedi-la de receber o perdão de Deus, mas pode fazer muitas coisas para convencê-la de que não o recebeu. Só nos livramos dos pecados do passado quando aceitamos o perdão de Deus e acreditamos de todo o coração que fomos totalmente redimidas, completamente restauradas e eternamente salvas. A ficha está limpa, os registros foram destruídos e a sentença foi proferida.

Romanos 5.1 afirma que *fomos* justificadas pela fé. O verbo está no passado. Quando bradou na cruz: "Está consumado!", Jesus quis dizer que sua obra de redenção estava completa. Satanás mente para nós dizendo que precisamos fazer mais para ser perdoadas. Para que tanto trabalho para receber algo que já temos e nos transformar em alguém que já somos?

Algumas pessoas se dedicam a trabalhos intermináveis para conquistar o perdão. Mas, querida amiga, o esforço nunca será suficiente. Há uma só maneira de nos "sentirmos" perdoadas: aceitar a obra que Jesus realizou na cruz. Satanás perdeu a batalha por minha alma quando eu tinha 14 anos. Ele sabe que estou perdoada e livre, e seu único recurso é tentar fazer que eu *não* me sinta perdoada, mas presa ao antigo modo de viver.

Imagine uma casa novinha em folha, com tijolos lindamente assentados, um belo telhado e janelas amplas e brilhantes. Imagine um jardim bem cuidado, uma porta de entrada acolhedora e flores brotando sob arbustos cuidadosamente aparados. Conseguiu visualizar a cena? Agora, imagine esta placa colocada na frente da casa: "Entrada proibida. Condenada. Mantenha distância". Seria uma estupidez ou não? Claro que sim.

Deus tem a escritura definitiva da minha vida e da sua. A verdade é que somos criaturas novinhas em folha, não estruturas condenadas a desmoronar. Derrube a placa. Ela não faz sentido em um coração lindamente desenhado pelo Construtor-Mestre.

As meia-voltas de Deus
Recebi a seguinte carta de uma leitora chamada Carolina:

> Querida Sharon,
>
> No ano passado, vi seu livro em uma livraria cristã. O título, *Cicatrizes — Encontrando paz e propósito nas feridas do seu passado*, emocionou-me tanto que cheguei às lágrimas. Disse a mim mesma: "Minhas cicatrizes não são bonitas para Deus".[2] Fui para casa, mas não consegui esquecer aquele título. No dia seguinte, voltei à livraria e comprei o livro.
>
> Tenho 61 anos. Quando estava com 16, fiz um aborto. Carrego essas cicatrizes a vida inteira. Tornei-me cristã e pedi perdão a Deus. Sei que ele me perdoou, mas não consegui me perdoar. Continuei a sentir vergonha e grande tristeza. Nunca falei do aborto a ninguém. Era doloroso demais. Quando levei seu livro para casa, entrei em meu quarto, tranquei a porta e pedi a Deus que me ajudasse a ler todas as páginas. Enquanto lia, senti a cura de Deus.
>
> Encontrei a resposta na história de José. Você mencionou que José teve dois filhos. O primogênito recebeu o nome de Manassés, que significa "Deus me fez esquecer todo o meu

sofrimento e toda a casa de meu pai". O segundo recebeu o nome de Efraim, que significa "Deus me fez prosperar na terra onde tenho sofrido". Você disse: "O mesmo se aplica a você e a mim. Deus não deseja que esqueçamos o sofrimento do passado. Ele quer que prosperemos na terra de nosso sofrimento! Use o sofrimento para o bem. Ajude outras pessoas. Plante as sementes da esperança".³

Enterrei essas lembranças a vida inteira e tentei esquecê-las. Não consegui. O sofrimento não desapareceu. Ao ler os significados dos nomes dos filhos de José, entendi que Deus não quer que eu esqueça o sofrimento do passado, mas que prospere na terra onde tenho sofrido e permita que ele use o meu sofrimento para o bem.

Comecei a escrever em meu diário tudo o que estava aprendendo sobre cura e perdão. A represa em meu coração foi aberta, e as palavras começaram a fluir nas páginas. Disse tudo o que queria dizer àquela criança e creio que ela ouviu cada palavra. Quanto mais escrevia, mais alegria sentia. Sabia que Deus estava me ajudando a expressar o sofrimento pela primeira vez. Houve muitas lágrimas, mas muita alegria também. Pedi a Deus que me ajudasse a prosperar por meio daquela experiência e disse-lhe que estava disposta a usar meu sofrimento para um bom propósito.

Satanás estava usando a mentira da falta de perdão para manietar Carolina, mas, assim que essa mulher aceitou a verdade da graça de Deus, os obstáculos foram removidos e ela sentiu a liberdade que esteve presente o tempo todo.

O QUE ESTAMOS FAZENDO AQUI?

Dizem que 75% das pessoas com problemas mentais seriam curadas se pelo menos fossem convencidas de que estão perdoadas.⁴ O inimigo diz que precisamos saldar uma dívida que jamais conseguiremos pagar. A verdade diz que Deus, por meio de Jesus Cristo, já quitou todo o débito.

Imagine que você esteja escondida no armário totalmente escuro da vergonha. Ao agachar-se, você dá de encontro com alguém agachado ao seu lado. Você pega a lanterna no bolso e, ao acendê-la, vê que a outra pessoa no armário é Jesus! Quando você ilumina o rosto de Cristo, ele pergunta: "Amiga, o que está fazendo aqui?".

Acredite na realidade do perdão de Deus, aceite a verdade da redenção e saia do esconderijo de uma vez por todas. Você foi perdoada e está livre.

> *Reconheça a mentira:* Não consigo me perdoar
> *Rejeite a mentira:* Isso não é verdade.
> *Substitua a mentira pela verdade:*
>
> > Se confessarmos os nossos pecados, ele é fiel e justo para perdoar os nossos pecados e nos purificar de toda injustiça.
> > 1João 1.9
>
> > Portanto, agora já não há condenação para os que estão em Cristo Jesus, porque por meio de Cristo Jesus a lei do Espírito de vida me libertou da lei do pecado e da morte.
> > Romanos 8.1-2
>
> > Deus tornou pecado por nós aquele que não tinha pecado, para que nele nos tornássemos justiça de Deus.
> > 2Coríntios 5.21

10

Não consigo perdoar quem me ofendeu

MENTIRA: *Não consigo perdoar quem me ofendeu.*
VERDADE: *Eu perdoo quem me ofendeu porque Cristo me perdoou (cf. Ef 4.32).*

Corrie ten Boom passou muitos anos em um campo de concentração alemão onde todos os dias sofria humilhação, degradação e violência sexual por parte dos soldados nazistas. Ainda se lembrava das pilhas de óculos, das montanhas de sapatos e do mau cheiro constante de excrementos humanos. Lembrava-se das pulgas, da fome e do odor de carne queimada vindo dos incineradores. Sofria ao lembrar-se de sua amada irmã, Betsie, morrendo em seus braços.

No fim da Segunda Guerra Mundial, Corrie saiu do campo de concentração e entrou na seara do ministério. Viajou ao redor do mundo falando da graça e do perdão de Deus por meio de Jesus Cristo. "Deus atira nossos pecados nas profundezas do mar", ela dizia. "E coloca ali uma placa com estes dizeres: 'É proibido pescar'."

Em uma manhã de domingo, depois de falar em Munique, ela viu um homem atarracado e careca, trajando sobretudo cinza, aproximar-se da tribuna.

Assim que avistou o homem, ela visualizou a farda que ele costumava usar... em Ravensbrück. Imediatamente lhe veio à memória o símbolo com a caveira e os ossos cruzados na viseira dele, as pilhas patéticas de roupas e sapatos no meio de uma sala enorme e fria, e a vergonha de ter andar nua na frente daquele homem. Ele foi um dos guardas mais cruéis, e agora ela estava frente a frente com ele. O sangue de Corrie pareceu gelar em suas veias.

O homem estendeu a mão. "Bela mensagem, Fraulein", ele disse. "Como é bom saber que, conforme a senhora afirmou, todos os nossos pecados estão no fundo do mar".

Ela hesitou e remexeu a bolsa para não ter de apertar a mão dele.

O homem contou que havia sido guarda em Ravensbrück, mas se convertera ao cristianismo. Sabia que Deus o perdoara, mas queria também receber o perdão de Corrie.

> E continuei em pé ali — eu, que tive os pecados perdoados infinitas vezes — incapaz de perdoar. Betsie morrera naquele lugar — será que, com aquele simples pedido de perdão, ele poderia apagar sua morte lenta e terrível?
>
> Talvez ele tenha ficado ali alguns segundos — com a mão estendida —, mas para mim pareceram horas enquanto eu me debatia com a coisa mais difícil que tive de fazer, porque eu tinha de fazer — sabia disso. A mensagem de que Deus perdoa tem uma condição prévia: devemos perdoar aqueles que nos ofenderam. "Se vocês não perdoarem os homens por suas ofensas", Jesus diz, "o Pai celestial não lhes perdoará as ofensas".
>
> Eu sabia que aquele não era apenas um mandamento de Deus, mas uma experiência diária... E continuei ali com um frio terrível no coração. Mas perdão não é uma emoção — eu também sabia disso. Perdão é um ato de vontade, e a vontade pode funcionar seja qual for a temperatura do coração. "Jesus,

ajuda-me!", orei silenciosamente. "Posso levantar a mão. Posso ir até esse ponto. Tu me darás o sentimento".

E, de forma desajeitada e mecânica, apertei a mão daquele que estendeu a sua para mim. E, ao fazer isso, uma coisa incrível aconteceu. A corrente começou em meu ombro, correu por meu braço e chegou às nossas mãos unidas. E, então, o calor daquela cura pareceu inundar todo o meu ser, levando-me às lágrimas.

"Eu o perdoo, irmão!", eu disse, chorando. "De todo o coração."[1]

Corrie libertou o homem, mas, acima de tudo, libertou a si mesma.

Concedendo graça

No capítulo anterior, vimos como Deus nos perdoa completamente mediante sua graça. Agora vamos olhar o perdão de frente e perguntar: podemos conceder essa mesma graça aos outros?

Perdoar é uma escolha. É a decisão de entregar o bisturi a Deus e permitir que ele retire o tumor da ofensa de dentro do coração. O beneficiário é aquele cujo tumor maligno foi retirado. A pessoa perdoada raramente toma conhecimento da cura e, às vezes, nem se importa com isso.

Ninguém merece ser perdoado. Eu não mereço. Você não merece. Até mesmo o mais arrependido coração não merece ser perdoado. Lembre-se: de acordo com sua definição, graça é um dom que não merecemos — é um "favor imerecido de Deus". Não merecemos perdão e não podemos obtê-lo. Portanto, quando perdoamos, estamos imitando divinamente o Pai. "Sejam [...] rápidos em perdoar uma ofensa. Perdoem tão rápida e completamente quanto o Senhor os perdoou" (Cl 3.13, MSG).

Perdoar quem nos ofendeu ou violentou talvez seja um dos aspectos mais difíceis da cura, mas, sem perdão, creio que nunca seremos livres. O inimigo conhece o potencial destrutivo da falta de perdão. É por isso que ele diz que não podemos perdoar. Que não devemos perdoar. Que, se perdoarmos, estaremos libertando o ofensor.

Isso, porém, é mentira. Podemos perdoar. Devemos perdoar. Se perdoarmos, estaremos *nos* libertando.

Diane Marr, em seu livro *The Reluctant Traveler* [O viajante relutante], apresenta uma ótima explicação:

> A falta de perdão pode ser comparada a um parasita; alimenta-se da ira e da mágoa de seu hospedeiro e encontra seu maior nutriente no sofrimento humano. Prospera no ciclo de cenas repetidas, angústia relembrada e justificação requentada para agarrar-se firme aos rancores. Essencialmente, a falta de perdão aumenta nosso desejo de vingança.[2]

Quem está acionando a tecla para rebobinar a fita na tela de sua mente? Creio que seja o inimigo. Ele deseja manter-nos presas às feridas do passado. Mas, amiga, quando decidimos perdoar, Deus transforma a dor em propósito, a ferida em esperança e a angústia em ministério. Não é de admirar que o inimigo comece a tremer diante da ideia de ver uma alma ferida perdoando quem lhe causou sofrimento.

CORTANDO AS AMARRAS

Qual o significado exato de perdão? A palavra grega para perdão é *aphiemi*. Um dos significados da palavra é "libertar do poder exercido por alguém, mandar embora, soltar".[3] E, conforme Beth Moore diz:

O propósito do perdão bíblico é cortar as amarras de alguém. A ideia por trás da palavra grega para *falta de perdão* é que a pessoa não perdoada fica amarrada com uma corda às costas de quem não a perdoou. Que ironia! A falta de perdão é o meio pelo qual nos prendemos à pessoa que mais odiamos. Portanto, o significado grego de *perdão* poderia ser mais bem demonstrado como a prática de cortar a corda da pessoa presa às nossas costas.[4]

Paulo escreveu aos filipenses: "... uma coisa faço: esquecendo-me das coisas que ficaram para trás e avançando para as que estão adiante, prossigo pra o alvo, a fim de ganhar o prêmio do chamado celestial de Deus em Cristo Jesus" (Fp 3.13-14). O que Paulo precisava deixar para trás? O que ou quem Paulo precisava perdoar? Veremos a seguir. Ele relatou as crueldades em 2Coríntios 11.23-27:

> [...] trabalhei muito mais, fui encarcerado mais vezes, fui açoitado mais severamente e exposto à morte repetidas vezes. Cinco vezes recebi dos judeus trinta e nove açoites. Três vezes fui golpeado com varas, uma vez apedrejado, três vezes sofri naufrágio, passei uma noite e um dia exposto à fúria do mar. Estive continuamente viajando de uma parte a outra, enfrentei perigos nos rios, perigos de assaltantes, perigos dos meus compatriotas, perigos dos gentios; perigos na cidade, perigos no deserto, perigos no mar, e perigos dos falsos irmãos. Trabalhei arduamente; muitas vezes fiquei sem dormir, passei fome e sede, e muitas vezes fiquei em jejum; suportei frio e nudez.

Penso que acabamos de descobrir um dos segredos do sucesso do ministério de Paulo. O apóstolo não alimentou a amargura. Não se apegou à falta de perdão. Deixou o passado para trás continuamente e seguiu adiante. Perdoou de maneira rápida e completa.

É muito difícil perdoar quando a pessoa que nos ofendeu parece levar a vida como se nada houvesse acontecido. "Você não enxerga a destruição?", gritamos. "Não entende que acabou com a minha vida?" Mas, com ouvidos surdos e olhos cegos, ela continua a viver como sempre — comendo, bebendo, trabalhando, divertindo-se e indo à igreja — sem se dar conta do sofrimento e angústia que nos infligiu.

Sim, devemos perdoar o ato e perdoar o desconhecimento da pessoa. Enquanto agonizava na cruz, Jesus orou: "Pai, perdoa-lhes, pois não sabem o que estão fazendo" (Lc 23.34). Ore como Jesus orou: "Pai, perdoa ———— porque ele não tem ideia de quanto me ofendeu"; "Pai, perdoa ———— porque ela não sabe que ouço suas palavras até hoje".

Mostrando força

Quando guardamos rancor contra alguém, ficamos presas a esse sentimento negativo. Amarramos emocionalmente às nossas costas a pessoa que decidimos não perdoar e a carregamos por onde andamos. Nem sempre podemos controlar a primeira ofensa, mas podemos decidir se vamos ou não permitir que ela controle ou influencie negativamente nossa vida.

Perdão não é sinal de fraqueza. É sinal de força. Beth Moore sofreu abuso sexual na infância e fala com frequência da decisão de perdoar:

> Minha descoberta veio quando eu percebi que nada tinha mais poder divino que o perdão e, consequentemente, nada era mais poderoso que o perdão. Você nunca usará sua vontade — a força da sua vontade — tão drasticamente do que

quando você concordar com Deus e começar a perdoar. Perdão não tem a ver com sentimento. É *querer*. Não existe nada mais forte. Perdão foi a força que manteve Cristo, a sua própria submissão, pregado na cruz. Ele mesmo poderia ter se arrancado de lá em um segundo. Ele poderia ter chamado todos os anjos do paraíso, bem-dispostos e armados. Se ele tivesse dado a ordem, o mar poderia ter engolido a terra de uma só vez.

Perdão não é passividade; é poder. É a habilidade de encarar a pressão dos portões chacoalhantes do inferno. Pegue esse poder e use-o. É um direito seu como filha de Deus. Com o poder de Jesus, você o deseja, e depois o sente. Comece hoje. Confirme isto amanhã. E continue confirmando pela fé como a vontade de Deus para você em Jesus Cristo, até que o faça naturalmente.[5]

"Ele não merece ser perdoado", ouço você dizer. Eu também não mereço. Nem você. Se a pessoa merece ou não ser perdoada, isso é outro problema. O perdão está completamente desvinculado disso. Perdoar não é concordar com o que a pessoa fez ou deixou de fazer. É simplesmente dizer que a estamos tirando de nosso anzol e colocando-a no anzol de Deus. Que a estamos tirando de nossas costas e entregando o fardo a Deus. Que não mais permitiremos que ela nos torne cativas de uma ofensa cometida contra nós.

Enquanto não perdoamos, ficamos presas na armadilha de Satanás. Essa é a isca principal com a qual ele atrai sua presa. Paulo escreveu: "Livrem-se de toda amargura, indignação e ira, gritaria e calúnia, bem como de toda maldade" (Ef 4.31). Por quê? "A fim de que Satanás não tivesse vantagem sobre nós; pois não ignoramos as suas intenções" (2Co 2.11).

Não há nada que nos torne mais amargas do que um espírito rancoroso. E nada dissolverá mais rápido a amargura do que a decisão de perdoar e esquecer a ofensa ou decepção. Não podemos ser amargas e viver bem ao mesmo tempo.

Perdoar não é

- dizer que aquilo que a pessoa fez não estava errado;
- absolver a pessoa da responsabilidade de suas ações;
- negar que houve um erro;
- fingir que a violência não aconteceu.

Perdoar é

- esquecer a necessidade de vingança;
- libertar a pessoa das amarras;
- recusar-se a permitir que a amargura e o ódio controlem sua vida;
- deixar o passado para trás e não permitir que ele controle suas ações e emoções.

Seis passos para o perdão

Perdoar é uma tarefa difícil. É o mesmo que escavar a terra para procurar ouro ou encontrar um tesouro perdido. Mas, no final, a joia preciosa compensará todo o esforço. Vamos analisar juntas os seis passos para o perdão; eles poderão ajudá-la ao longo do processo.

1. Pegue uma folha de papel e escreva o nome da pessoa que a ofendeu.

2. Escreva o motivo da ofensa (estupro, agressão verbal, abuso sexual, desprezo, traição, abandono, rejeição).

3. Descreva como se sente a respeito daquela pessoa. Seja sincera. Deus sabe o que se passa em seu coração.

4. Tome a decisão de perdoar. Perdão não é um sentimento, mas uma decisão espontânea. Deus nunca nos ordena a fazer

algo sem nos dar força para lhe obedecer. Ele disse que devemos perdoar e nos dará força para fazê-lo, mas o processo só começará quando você tomar a decisão de perdoar.

5. Entregue a lista a Deus e confesse sua dificuldade em perdoar. "Senhor, eu me apresento diante de ti hoje para libertar-me da dificuldade de perdoar. Perdoo ———— por ————. Neste momento, tomo a decisão de esquecer a ofensa e não guardar mágoa dessa pessoa. Eu a coloco em tuas mãos. Oro para que cures minhas feridas emocionais e me capacites a ajudar outras pessoas com a mesma consolação que recebo de ti. Eu corto as amarras de ————. Amém"

6. Destrua a lista de tal forma que esse momento fique gravado para sempre em sua memória. Algumas pessoas a queimam no fogo. Outras a pregam em uma cruz de madeira. Há ainda aquelas que escrevem o nome da pessoa que estão perdoando, colocam o papel em um balão de gás e o soltam em direção ao céu. Seja qual for sua escolha, entregue o nome da pessoa a Deus.[6]

A LIBERTAÇÃO DE BETH

Quando tinha 10 anos de idade, Beth foi estuprada por James, um garoto vizinho dela. O coraçãozinho de Beth ficou tão machucado e maltratado que ela transferiu seu ódio para todos os homens e olhava para eles com desdém. Parecia que o rosto daquele garoto estava em cada homem que ela via, e nenhum deles era confiável. Beth tinha medo de ser estuprada novamente, e esse terror a impedia de relacionar-se com homens.

Em um retiro para mulheres, onde falei sobre a liberdade obtida por meio do perdão, Beth decidiu cortar as amarras de James. Estava disposta a isso? Não. Simplesmente tomou a decisão de que não mais permitiria que o estupro a controlasse, e o perdão era a única maneira de conseguir isso. Ele merecia ser perdoado? Não, mas ela merecia ser libertada. Não tinha nada a ver com ele e tinha tudo a ver com ela. Por isso, Beth entregou o estuprador a Deus — tirou-o de seu anzol e colocou-o no anzol de Deus. Passou a sentir-se melhor, mas o verdadeiro teste ainda estava por vir.

Vários meses depois, Beth e sua mãe decidiram organizar um bazar em casa. A mãe convidou sua vizinha para colaborar e repartir as mercadorias. A casa vizinha era dos pais de James, e eles não sabiam nada a respeito do estupro. Tratava-se de um segredo muito bem guardado por Beth. Enquanto estavam separando e colocando preços nas mercadorias, James ligou.

— Oi, mãe — ele disse. — Fui a sua casa e você não estava lá, por isso achei por bem ligar para os Smith (nome fictício).

— Ah, sim, estamos preparando o bazar para amanhã — ela disse. — Venha até aqui.

Por um segundo, Beth ficou sem saber o que faria. Sentiu borbulhar dentro dela um ímpeto de correr para longe dali. "Pela graça de Deus, não vou permitir que isso continue a me controlar", ela orou silenciosamente. "Estou curada e fui libertada, e esse homem só vai poder tirar isso de mim se eu permitir."

Quando James entrou na sala, Beth sorriu e disse: "Oi, James. Como vai?".

James estava usando uma camiseta com a estampa obscena de uma garota executando a dança do poste. Recusou-se a fitar Beth nos olhos. Ela se perguntou se ele estaria envergonhado. Agora era ele quem estava preso nas garras de suas ações. Beth contou:

Antes de me converter ao cristianismo, eu teria passado um sermão nele sobre os direitos da mulher e usado muitas palavras chulas. Depois, teria entrado em casa e chorado. Teria causado muito sofrimento a mim mesma porque era a única maneira que eu conhecia de lidar com o sofrimento e a vergonha do estupro. *Depois* de me converter ao cristianismo, provavelmente teria conseguido manter a boca fechada e orado em vez de causar sofrimento a mim mesma, mas por certo teria chorado dias a fio. Mas, daquela vez, não cheguei sequer a me sentir ofendida. Fui capaz de sentir compaixão por ele. Ele estava perdido da mesma forma que eu antes de aceitar Cristo, e tenho certeza de que eu, assim como ele, deixei uma fila de pessoas magoadas em meu caminho.

Foi naquele exato momento, em pé no meio daquela mistura desordenada de mercadorias, que entendi que Deus havia arrumado a desordem de meu coração. Estava totalmente curada. Deus me libertou por completo do medo e da ansiedade de ser estuprada novamente. Hoje, enfrento o passado com coragem e valentia em vez de abafar os sentimentos e fingir que não existem. Estou certa de que aquele que começou a boa obra em mim é fiel e justo para completá-la!

Alguém disse certa vez: "Somos semelhantes a animais selvagens quando matamos. Somos semelhantes a homens quando julgamos. Somos semelhantes a Deus quando perdoamos".

Reconheça a mentira: Não consigo perdoar quem me ofendeu.
Rejeite a mentira: Isso não é verdade.
Substitua a mentira pela verdade:

Então Pedro aproximou-se de Jesus e perguntou: "Senhor, quantas vezes deverei perdoar a meu irmão quando ele pecar contra mim? Até sete vezes?" Jesus respondeu: "Eu lhe digo: Não até sete, mas até setenta vezes sete".

Mateus 18.21-22

Suportem-se uns aos outros e perdoem as queixas que tiverem uns contra os outros. Perdoem como o Senhor lhes perdoou.

Colossenses 3.13

Sejam bondosos e compassivos uns para com os outros, perdoando-se mutuamente, assim como Deus os perdoou em Cristo.

Efésios 4.32

11

Eu seria feliz se...

Mentira: *Eu seria feliz se...*
Verdade: *Minha alegria vem do Senhor (cf. Sl 126.3).*

Quer carregá-la? — Karen perguntou.
Não consegui ver o bebê de que ela falava. A mãe o havia agasalhado de tal modo que a criança parecia prestes a enfrentar uma nevasca, embora a sala estivesse aquecida pelo calor de cinquenta mulheres e uma mesa cheia de panelas e caçarolas de barro. Não consegui ver o bebê, mas sabia que, escondida naquelas roupas rosas de lã, a pequenina Makenna Purdue aguardava. Pelo menos cinco mulheres já a haviam carregado, e agora era a minha vez.
Eu estava com 41 anos e não tinha filhos. Nunca colocara a mão no ventre para sentir o êxtase de uma vida desenvolvendo-se dentro dele. Nunca tivera o privilégio de levar um clone meu em miniatura a uma reunião de estudo bíblico, nem de presentear minhas amigas com a presença de um bebê para ser olhado e acariciado. Portanto, a pergunta permaneceu: eu queria carregar o bebê de outra mulher?[1]

Enquanto lia as palavras de minha amiga, Shannon Woodward, compreendi exatamente os sentimentos dela. Ainda me lembro do dia em que a palavra *infértil* foi escrita em meu prontuário médico. Um vazio que eu nunca sentira ressoou em meu coração oco. "O que fiz de errado? Por que Deus está me castigando? Não sou digna de criar outro ser humano?" Orei, arrependida de meus pensamentos, jejuei e supliquei a intervenção de Deus. Mudei hábitos alimentares, submeti-me a duas cirurgias para descobrir a causa da infertilidade, injetei e ingeri hormônios e programei relações íntimas com meu marido (que estavam longe de ser íntimas). Eu estava determinada a vencer o diagnóstico.

No entanto, nada aconteceu, e entendi o que significa não poder carregar um bebê nos braços e sentir saudades de alguém que nunca conheci. Nossa casa dos sonhos, de cinco dormitórios, passou a ser um lembrete diário de camas que não seriam ocupadas, de brinquedos que não seriam espalhados pelo chão e de crianças que eu não agasalharia com cobertas à noite.

Steve e eu temos um filho maravilhoso. Steven Hugh Jaynes Jr. nasceu em uma manhã gelada de fevereiro, e nunca imaginei sentir tanto amor por uma criatura tão pequena, embrulhada em um pacotinho. Deus, porém, fechou meu útero para a possibilidade de dar-lhe irmãos ou irmãs. Steven foi concebido sem nenhum problema, por isso ficamos surpresos e decepcionados ao saber que ele seria nosso único filho. Mas, ao longo de anos dolorosos de infertilidade, Deus tinha um plano, um propósito e uma promessa. Ele começou a mostrar-me exatamente aquilo de que eu necessitava para ser feliz: ele próprio.

A mentira no Éden

A mentira "Eu seria feliz se..." não é nenhuma novidade, certo? É a mesma mentira que a serpente sussurrou no ouvido de Eva. "Você seria feliz se comesse o fruto proibido." Hoje, a serpente sussurra as mesmas mentiras podres.

- Eu seria feliz se tivesse um filho.
- Eu seria feliz se tivesse dois filhos.

- Eu seria feliz se tivesse um marido.
- Eu seria feliz se meu marido me tratasse melhor.
- Eu seria feliz se tivesse um marido diferente.
- Eu seria feliz se tivesse mais dinheiro.
- Eu seria feliz se tivesse um emprego melhor.
- Eu seria feliz se...

Eu poderia encher o resto deste livro com "Eu seria feliz se...". Mas a verdade é esta: a felicidade absoluta só é encontrada em Jesus Cristo. Não temos condições de analisar todas as mentiras travestidas de "Eu seria feliz se...", mas vamos examinar algumas.

Eu seria feliz se tivesse filhos

Na Bíblia, Sara estava tão perturbada por não ter um filho que convenceu seu marido, Abrão, a gerar uma criança com sua serva. Sara ficou feliz quando carregou a criança nos braços? Não, ela ficou com tanto ciúme de Hagar que chegou a exigir que o marido expulsasse a serva e a criança de casa.

Houve também o caso de Isabel, mulher de Zacarias. Isabel tinha idade avançada e nunca havia gerado um filho. Tenho certeza de que houve dias na vida de Isabel em que seu coração sofreu muito ao ouvir o choro de um bebê na vizinhança. Posso vê-la enxugando algumas lágrimas ao passar por mães acompanhadas de uma fileira de crianças. Mas parece que Isabel vivia bem com seu marido, o sacerdote. Um dia, Deus abençoou-a com um filho na velhice, mas, aparentemente, ela vivia satisfeita antes disso.

Penso em Ester, uma linda judia órfã que se casou com um rei gentio. Não sabemos se Ester teve filhos, mas maravilhamo-nos diante de sua coragem ao salvar toda a nação hebreia da extinção. Ester tinha um propósito? Sim, tinha.

Penso em Ana, a viúva que passou a maior parte da vida adulta orando e jejuando no templo, à espera da chegada do Messias prometido. Ela foi uma das poucas pessoas a quem Deus revelou a verdadeira identidade de Jesus por ocasião de seu nascimento. Ana foi uma mulher realizada? Sim, foi.

Na Bíblia, há muitas mulheres maravilhosas e tementes a Deus que conheceram o significado da infertilidade: Sara, Isabel, Ana e Raquel, dentre outras. Lucas relata que Isabel e seu marido eram "justos aos olhos de Deus, obedecendo de modo irrepreensível a todos os mandamentos e preceitos do Senhor. Mas eles não tinham filhos, porque Isabel era estéril; e ambos eram de idade avançada" (Lc 1.6-7). A infertilidade não era castigo de Deus; era um plano dele.

Sim, Deus formou o corpo da mulher e seu coração para gerar e nutrir filhos. Mas, quando ele decide que uma mulher não deve ter filhos, não significa que ela não será realizada nem terá um propósito maravilhoso na vida. O inimigo, contudo, ri das coisas que não temos, visando a abafar o meigo sussurro de Deus, que nos faz lembrar daquilo que temos.

Um dia, enquanto estudava o Cântico dos Cânticos, emocionei-me ao ler o versículo 1 do capítulo 2. Li o texto como se Jesus fosse o noivo e eu sua noiva amada (e eu sei que sou). A noiva dizia: "Sou uma flor de Sarom".

Deus fez-me parar.

— Qual é o seu nome? — ele pareceu perguntar-me.

— Meu nome é Sharon[2] — respondi.

— Veja o que ele significa — ele me instigou.

Ao consultar a palavra Sharon no dicionário bíblico, descobri que significava "vale fértil". Deus começou, então, a revelar seu plano para mim. Embora a palavra "infértil" constasse de meu prontuário médico, ele me fez ver que meu nome era Sharon, "vale fértil". Apesar de meu sonho de ter a casa repleta de crianças com o sangue dos Jaynes correndo nas veias não ter se concretizado da maneira que eu esperava, Deus realizou meu desejo, dando-me um sem-número de filhos espirituais ao redor do mundo.

> [O Senhor] dá um lar à estéril,
> E dela faz uma feliz mãe de filhos.
> Aleluia!
>
> Salmos 113.9

A maior fonte de felicidade e alegria não é ter filhos. É estar exatamente no centro da vontade de Deus.

Eu seria feliz se fosse casada (ou se fosse casada com um homem diferente)

Ouso dizer que mais da metade dos *e-mails* que recebo pedindo oração se refere a problemas acerca do casamento. As solteiras desejam ser casadas, as casadas desejam ser solteiras, e algumas gostariam de trocar o marido por outro. O casamento não é o elemento essencial para a felicidade.

Dick e Jane saem da igreja de braços dados, sob uma chuva de arroz. Com latas presas na parte traseira do carro fazendo um enorme barulho pelas ruas, eles partem ao pôr do sol. Mas, no dia seguinte, o sol nasce outra vez. Dick não está preparado para mudanças de humor, ganho de peso, refeições congeladas e compras exageradas. Seus sonhos de sexo apaixonado são substituídos por uma sessão obrigatória três vezes por mês, na melhor das hipóteses. "Ela me enganou", ele conclui. "Não era isso que eu tinha em mente."

Jane surpreende-se com meias sujas no chão, horas infindáveis de programas esportivos na TV, torneira pingando que não é consertada e falta de romantismo. "Ele só pensa em sexo", ela reclama no íntimo. "É preguiçoso e irresponsável. Ele me enganou. Não era isso que eu tinha em mente."

As expectativas frustradas são o início da desilusão em qualquer casamento. Sempre que esperamos que alguém nos faça felizes, caminhamos para a decepção. Sempre choverá naquele piquenique. Sempre sofreremos decepções. Nem mesmo um bom marido é capaz de substituir Deus. Ninguém será nossa maior fonte de felicidade, a não ser Deus.

Hollywood diz que seremos felizes quando encontrarmos a pessoa certa. Descobri, no entanto, que o casamento é bem-sucedido quando nós *nos tornamos* a pessoa certa. "Orei durante anos para que Deus mudasse meu marido", Denise contou-me. "Nosso casamento ia de mal a pior, e acabamos nos separando e pensando em divórcio. Comecei, então, a dedicar-me à leitura sobre o significado de ser uma esposa piedosa. Aos olhos do mundo, eu cumpria bem o meu papel. Aos olhos de Deus, estava destinada ao insucesso. Comecei a orar, desta vez de todo o coração. Deus respondeu ao pedido de mudar meu marido... ele me mudou."

Posso estar enganada, mas ainda não encontrei nenhum versículo que diga que o maior objetivo de Deus para nossa vida seja a felicidade. O maior objetivo de Deus para nós é que sejamos conformes à imagem de Cristo. Muitas vezes ele usa o casamento como meio de promover essa mudança. O casamento é o estúdio artístico no qual as obras-primas são criadas. Se sairmos porta afora quando as pinceladas de tinta preta da vida deixarem suas marcas na tela, não teremos a oportunidade de ver os tons maravilhosos de vermelho, amarelo e verde brilhando sobre o fundo escuro das experiências da vida.

Na Bíblia, Deus descreve o casamento de um homem com uma mulher como um exemplo visível da união espiritual entre Jesus e a Igreja (todos os cristãos). Os cristãos são chamados "noiva de Cristo" (cf. Ap 19.7). Os casamentos são exemplos andantes, falantes e terrenos do relacionamento celestial entre o Filho de Deus e aqueles que creem em seu nome. Deus instrui os homens: "Maridos, ame cada um a sua mulher, assim como Cristo amou a igreja e entregou-se por ela" (Ef 5.25).

O inimigo quer destruir esse exemplo vivo, claro. E por que não haveria de querer? Jesus disse: "O ladrão [Satanás] vem apenas para roubar, matar e destruir" (Jo 10.10). Ele deseja destruir a instituição ordenada e planejada por Deus. O inimigo começou com Adão e Eva no jardim do Éden e continua a pôr em prática suas táticas destrutivas: tentação, controle, teimosia e orgulho. Satanás continua a anunciar um ataque às famílias, e começa pelo ponto mais alto — o marido e a mulher.

Deixamos, muitas vezes, de enxergar o verdadeiro inimigo nos problemas de nosso casamento. Conforme vimos, Paulo escreveu à igreja em Éfeso: "Pois a nossa luta não é contra seres humanos, mas contra os poderes e autoridades, contra os dominadores deste mundo de trevas, contras as forças espirituais do mal nas regiões celestiais" (Ef 6.12). Quando tenho um conflito com meu marido, preciso parar, respirar fundo e pensar: "Quem é o inimigo verdadeiro neste caso?". Há uma batalha espiritual em andamento à nossa volta, e não conseguimos enxergá-la. Não precisamos ter medo da batalha, mas devemos estar alertas quanto às táticas do inimigo.

Eu gostaria que você pensasse nesta estatística: de acordo com uma análise da National Survey of Families and Households [Pesquisa nacional de famílias e lares], 86% das pessoas infelizes no casamento, mas que não abandonaram o barco, descobriram, cinco anos depois, que o casamento estava mais feliz. Perto de 60% dos que classificaram o casamento como infeliz no fim da década de 1980 e, mesmo assim, continuaram casados, disseram que o mesmo casamento era "muito feliz" ou "relativamente feliz" quando foram entrevistadas novamente cinco anos depois.[3] Em comparação, o índice dos que se divorciaram, casaram novamente e tornaram a se divorciar foi de 60%.[4]

Portanto, começar de novo talvez seja a resposta para um casamento problemático... desde que o recomeço seja com o mesmo homem.

A maior fonte de felicidade e alegria não é estar casada. É estar exatamente no centro da vontade de Deus.

Eu seria feliz se tivesse mais dinheiro

Meu marido adora golfe, e, quando um vendedor o escolheu para ser seu convidado de honra em um dos campos mais famosos de Charlotte, Steve não pensou duas vezes. Enquanto seguiam no carrinho de golfe em direção ao sexto montículo de areia de onde se joga a bola, Steve escolheu um caminho cujos dois lados eram guarnecidos com azaleias cor-de-rosa e roxas em plena florescência. Mansões de 6 milhões de dólares cercavam a área verde, com piscinas, jardins bem cuidados e carros de 50 mil dólares estacionados em frente à garagem. O vendedor começou, então, a contar várias histórias que se passavam no interior daquelas paredes.

"Está vendo aquela primeira casa? O casal se separou. A mulher teve duas aventuras amorosas, e o marido a abandonou. E aquela segunda casa ali? A mulher pegou o marido duas vezes com uma prostituta. Quer divorciar-se dele, mas recentemente herdou 10 milhões de dólares do pai e não quer que o marido ponha a mão no dinheiro. Ela está tentando encontrar um meio de livrar-se do casamento e ficar com a grana. Há também aquela terceira casa com o jardim maltratado. O casal divorciou-se, e a casa está à venda há sete meses." (Sim, o rapaz estava fofocando. Esse não é um problema exclusivo de meninas.)

Steve se impressionou com as vidas despedaçadas ao seu redor. Mais tarde, ele me contou:

— Aquelas pessoas conseguiram tudo o que imaginavam para encontrar a felicidade, mas são infelizes.

— Você acha que elas queriam mais? — perguntei.

— Acho que não. Penso que queriam alguma coisa diferente, mas não sabem sequer o significado de *diferente*.

David Myers, em seu livro *The American Paradox: Spiritual Hunger in an Age of Plenty* [O paradoxo norte-americano: fome espiritual em uma era de fartura], observa que, desde 1960, o índice de divórcios duplicou, o índice de suicídio entre os adolescentes triplicou, o índice de crimes violentos quadruplicou, e a população prisional quintuplicou. Houve aumento dos índices de depressão, ansiedade e outros problemas de saúde mental.[5] Como país, somos três vezes mais ricos que em 1950; porém, não somos mais felizes. Concordamos com o antigo ditado: "O dinheiro não compra felicidade", mas aceitamos a mentira de que ele compra.

Eric Weiner descreve o relacionamento entre o dinheiro e a felicidade:

Pesquisa recente sobre felicidade, ou bem-estar subjetivo, revela que o dinheiro compra realmente a felicidade. Até certo ponto. Esse ponto, porém, é surpreendentemente baixo: cerca de 15 mil dólares por ano. Depois disso, o elo entre o crescimento econômico e a felicidade evapora-se. Os americanos estão, em média, três vezes mais ricos que meio século atrás, porém não estão mais felizes. O mesmo se aplica ao Japão e a muitos outros países industrializados. Siga esta linha de raciocínio de Richard Layard, professor da London School of Economics: "Eles ficaram mais ricos, trabalham menos, têm feriados prolongados, viajam mais, vivem mais e são mais saudáveis. Não são, porém, mais felizes".[6]

Um dos homens mais ricos na Bíblia, o rei Salomão, concluiu que o acúmulo de riquezas não produz contentamento. "Tenho visto tudo o que é feito debaixo do sol; tudo é inútil; é correr atrás do vento!" (Ec 1.14). A busca da felicidade também não produz contentamento. "Os olhos nunca se saciam de ver, nem os ouvidos de ouvir" (Ec 1. 8). Aqueles que buscam felicidade no acúmulo de bens materiais nunca terão o suficiente. "Lembre-se do seu Criador", ele conclui (12.1). Este é o segredo. O relacionamento pessoal com o Criador é a única fonte verdadeira de alegria. Tudo o mais não passa de glacê sobre o bolo.

O dinheiro permite adquirir uma porção de coisas, mas não compra a felicidade. A maior fonte de alegria e contentamento não é a posse de bens e riquezas materiais. É estar exatamente no centro da vontade de Deus.

A busca da felicidade

Do que precisamos, então, para ser felizes? Um homem? Uma casa? Filhos? Segurança financeira? Um corpo mais esbelto?

Um rosto sem rugas? Um carro novo? Um emprego gratificante? Filhos adultos bem-sucedidos? Pais carinhosos? Amigos encorajadores? Um bom dinheiro na poupança? Boa saúde?

Basta dar uma olhada nas últimas edições de revistas de variedades para saber que algumas pessoas mais infelizes do planeta são, aparentemente, as mais bem-sucedidas. Aparentam ter tudo, mas, na realidade, não têm absolutamente nada.

Amiga, só encontraremos a verdadeira felicidade no dia em que a única palavra capaz de preencher aquele vazio for o nome de Jesus. Não se engane. Essa é a verdade.

Alguém perguntou a um homem muito rico quanto seria necessário para ele ser feliz.

"Apenas um pouquinho mais", ele respondeu.

Mas o pouquinho mais não satisfaz a alma. A alegria só chega quando conhecemos Cristo. Nascemos com um vazio em nossa vida, e esse vazio tem o formato de Deus. Marido, filho, carro, família — nada, absolutamente nada, será capaz de preencher esse vazio. Haverá sempre um espaço em volta da coisa ou pessoa que tentamos colocar nesse vácuo.

Não encontramos a felicidade investindo no mercado de ações, mas investindo em pessoas. Não a encontramos gastando dinheiro, mas gastando tempo com a família e os amigos. Não a encontramos no ato de receber, mas no ato de doar. A Declaração de Independência norte-americana menciona o direito de buscar a felicidade, mas não diz como torná-la possível.

Tentamos encontrar o caminho da felicidade da mesma forma que consultamos um mapa amassado no porta-luvas do carro. Seguramos as páginas esfareladas, unidas por fita adesiva, e corremos o dedo pela estrada, à procura de atalhos. Jesus disse: "Eu sou o caminho, a verdade e a vida" (Jo 14.6).

Ele é a estrada para a santidade, a rodovia para a justiça e a trilha para a paz.

Todos os anos, perto de 40 milhões de americanos mudam para outro lugar. Algumas mudanças se relacionam a trabalho, saúde ou relacionamentos. Mas, acima de tudo, as pessoas mudam por achar que serão felizes em um lugar diferente.

A verdade é esta: enquanto vivermos neste mundo, nunca estaremos completamente contentes. Não fomos feitos para este mundo. Fomos feitos para o céu. C. S. Lewis disse: "Se descubro em mim um desejo que nenhuma experiência neste mundo pode satisfazer, a explicação mais provável é que fui feito para outro mundo".[7]

Fomos feitos para o céu. O mundo é temporário e transitório... não passa de um suspiro. Estamos com saudades, de certa forma, de um lugar onde nunca estivemos.

Deus, porém, nos oferece vislumbres do lar. Todas as vezes que passamos momentos em sua presença, experimentamos um vislumbre do lar celestial, sentimos o gosto da vida eterna e temos uma ideia do significado de paz duradoura. Puxa! Mal posso esperar!

Não há outro riacho

Em *A cadeira de prata*, o quarto livro da série As Crônicas de Nárnia, C. S. Lewis introduz uma nova personagem à terra de Nárnia. Jill se vê transportada para lá como se estivesse em um sonho. A primeira criatura que encontra é Aslam, o leão, a figura de Cristo em toda a série. Aslam aparece por um momento e depois volta lentamente para a floresta. Jill está com muito medo de ficar frente a frente com o leão, mas a sede cada vez maior a obriga a procurar água. Coitadinha! Ela descobre um riacho, mas precisa passar por Aslam para chegar até lá.

— Não está com sede? — perguntou o Leão.
— Estou morrendo de sede.
— Então, beba.
— Será que eu posso... você podia... podia arredar um pouquinho para lá enquanto eu mato a sede?

A resposta do Leão não passou de um olhar e um rosnado baixo. Era (Jill se deu conta disso ao defrontar o corpanzil) como pedir a uma montanha que saísse do seu caminho. O delicioso murmúrio do riacho era de enlouquecer.

— Você promete não fazer... nada comigo... se eu for?
— Não prometo nada — respondeu o Leão.

A sede era tão cruel que Jill deu um passo sem perceber.

— Você come meninas? — perguntou ela.
— Já devorei meninos e meninas, homens e mulheres, reis e imperadores, cidades e reinos — respondeu o Leão, sem orgulho, sem remorso, sem raiva, com a maior naturalidade.
— Perdi a coragem— suspirou Jill.
— Então vai morrer de sede.
— Oh, que coisa mais horrível — disse Jill dando um passo à frente. — Acho que vou ver se encontro outro riacho.
— Não há outro — disse o Leão.

Amiga, não há outro riacho que sacie nossa sede. Nem pessoas, nem lugares, nem bens materiais satisfarão nosso anseio. Somente Jesus... Ele é a água viva, o pão da vida, o amante de nossa alma.

Reconheça a mentira: Eu seria feliz se...
Rejeite a mentira: Isso não é verdade.
Substitua a mentira pela verdade:

Não estou dizendo isso porque esteja necessitado, pois aprendi a adaptar-me a toda e qualquer circunstância. Sei o que é passar necessidade e sei o que é ter fartura. Aprendi o segredo de viver contente em toda e qualquer situação, seja bem alimentado, seja com fome, tendo muito, ou passando necessidade. Tudo posso naquele que me fortalece.

Filipenses 4.11-13

Sempre tenho o Senhor diante de mim.
Com ele à minha direita, não serei abalado.
Por isso o meu coração se alegra
e no íntimo exulto;
mesmo o meu corpo repousará tranquilo.

Salmos 16.8-9

O Senhor é o meu pastor; de nada terei falta.

Salmos 23.1

12

Não consigo me controlar

MENTIRA: *Não consigo me controlar.*
VERDADE: *Sou mais que vencedora por meio de Cristo Jesus, meu Senhor (cf. Rm 8.37).*

Certa primavera, o sr. e a sra. Coelho decidiram constituir família sob o gazebo no quintal de nossa casa, mas a ideia não agradou a ninguém da família Jaynes. Ginger, nossa cadela *golden retriever*, queria expulsá-los de lá. Peguei-a várias vezes escavando a terra ao redor do gazebo, tentando fazer o possível para afugentá-los.

"Não, Ginger", eu disse. "Saia daí!"

Após uma viagem de fim de semana, tivemos uma grande surpresa ao entrar com o carro no caminho de acesso à garagem. Os arredores do lindo gazebo estavam devastados. Ginger havia arrancado todos os arbustos, as flores e as folhas de pinheiro, de modo que os suportes da cobertura, que antes permaneciam ocultos, estavam totalmente expostos.

"Ginger, você é uma garota muito má", eu disse. "Veja só o que você fez!"

Ela pôs o rabo entre as pernas e escondeu-se, envergonhada, na garagem. Não sei se entendeu o que havia feito, mas entendeu que não estávamos felizes.

Steve passou horas replantando os arbustos e as flores, sob a vigilância constante dos coelhinhos que espreitavam aquele ser humano consertando o entorno da casa deles. Um coelhinho corajoso aventurou-se a sair do esconderijo. Em uma fração de segundo, Ginger abocanhou o coelhinho ingênuo.

— Steve, Ginger pegou um coelhinho! — eu disse.

Steve segurou Ginger pela coleira e tirou, com muito cuidado, o coelhinho de sua boca.

— Acho que ela quebrou uma perna do bichinho — Steve comentou.

— Estou furiosa com Ginger — eu disse. — Não sei se quero ter uma cadela capaz de machucar um coelhinho.

— Sharon, você não pode ficar furiosa com uma cadela por ela agir justamente como uma cadela.

Steve estava certo. Eu não podia ficar furiosa com uma cadela por ela agir como tal. É isso que cães e cadelas fazem — principalmente os da raça *retriever*. Infelizmente, muitos cristãos agem da mesma forma. "Não consigo me controlar", dizem. "É assim que eu sou." Mas, amiga, se você aceitou Jesus Cristo como seu Salvador, tem o poder do Espírito Santo habitando em você. É certo que você não consegue se controlar com as próprias forças, mas o Espírito Santo é mais do que capaz de ajudá-la se você recorrer a ele.

Uma nova criação

A verdade é esta: você é nova criação em Cristo (cf. 2Co 5.17). Antes de aceitar Cristo no coração, não conseguimos ter domínio sobre nós mesmas. Sim, claro, podemos tomar decisões positivas e optar por agir corretamente. Mas o poder de vencer o pecado não está presente. O apóstolo Paulo disse:

> A mentalidade da carne é morte, mas a mentalidade do Espírito é vida e paz; a mentalidade da carne é inimiga de Deus porque não se submete à Lei de Deus, nem pode fazê-lo. Quem é

dominado pela carne não pode agradar a Deus. Entretanto, vocês não estão sob o domínio da carne, mas do Espírito, se de fato o Espírito de Deus habita em vocês. E, se alguém não tem o Espírito de Cristo, não pertence a Cristo.

Romanos 8.6-9

Quando se refere à "mentalidade da carne", Paulo está falando da mente de uma pessoa que não é nova criação em Cristo. Assim que aceitamos Cristo no coração, deixamos de dizer: "Não consigo me controlar. É assim que eu sou". Passamos a dizer: "É assim que eu era. Agora tenho o poder do Espírito Santo habitando em mim. Posso fazer todas as coisas por intermédio de Cristo, que me fortalece. Não sou mais escrava do pecado. Não preciso pecar. Agora tenho uma escolha".

Em pé diante do espelho, Jennifer viu uma mulher obesa olhando para ela. Apenas dois anos antes ela perdera 55 quilos, dos quais recuperara 36. "Não vou conseguir perder todo este peso", ela pensou. "Sei o que devo fazer, mas não consigo. Vou ser sempre gorda. É melhor aceitar e não tentar mais. Afinal, qual é o problema de ser gorda? Não consigo me controlar."

Rachel amava Teodoro, ela o amava muito mesmo. Apesar de ambos serem cristãos, eles se viram olhando para o teto do quarto dela após uma noite de paixão que terminou em uma manhã de arrependimento. "Tentamos nos manter puros, mas nos amamos muito. É natural sentir toda aquela excitação diante do homem que amamos. Assim que começamos a nos beijar, não conseguimos parar. Sei que é errado. Eu me sinto mal todas as vezes que fazemos sexo. Não consigo me controlar."

Martha ouviu seu filho de 6 anos chorando no quarto ao lado. Ela também estava chorando. Suas palavras cheias de ira, gritadas a plenos pulmões momentos antes, ultrapassaram as paredes da casa. "Oh, Deus", Martha orou, "por que não consigo controlar a raiva? Por que não consigo controlar as palavras que saem de minha boca? Estou destruindo minha família com estas palavras. Tento dominar a língua, mas o veneno parece sair de um jeito ou de outro. O que há de errado comigo? Não consigo me controlar".

Paulo enfrentou o mesmo dilema e registrou sua luta na carta que escreveu à igreja em Roma:

> Neste caso, não sou mais eu quem o faz, mas o pecado que habita em mim. Sei que nada de bom habita em mim, isto é, em minha carne. Porque tenho o desejo de fazer o que é bom, mas não consigo realizá-lo. Pois o que faço não é o bem que desejo, mas o mal que não quero fazer, esse eu continuo fazendo. Ora, se faço o que não quero, já não sou eu quem o faz, mas o pecado que habita em mim. Assim, encontro esta lei que atua em mim: Quando quero fazer o bem, o mal está junto a mim. No íntimo do meu ser tenho prazer na Lei de Deus; mas vejo outra lei atuando nos membros do meu corpo, guerreando contra a lei da minha mente, tornando-me prisioneiro da lei do pecado que atua em meus membros. Miserável homem que eu sou! Quem me libertará do corpo sujeito a esta morte?
> Romanos 7.17-24

Você percebe a luta de Paulo quando ele grita: "Miserável homem que sou! Quem me libertará do corpo sujeito a esta morte?" (v. 24)? Você já esteve em situação semelhante, quando a distância entre o querer e o fazer parece ser quilométrica? Paulo fez a pergunta: "Não há ninguém que possa me ajudar?" (v. 24, MSG). Ele pergunta e responde com empolgação: "Graças a Deus por Jesus Cristo, nosso Senhor!" (v. 25).

"Não consigo me controlar" é uma mentira. Por meio de Jesus Cristo, o Ungido, temos o poder de resistir à tentação e alcançar a transformação.

Dizendo a verdade a nós mesmas

Vamos voltar às três amigas que acabamos de conhecer e rever suas lutas. Qual é a verdade da situação delas e como podem mudar as mensagens que estão transmitindo a si mesmas?

Jennifer: "É tolice pensar que não consigo perder peso. Claro que consigo. Posso parar de comprar salgadinhos e biscoitos. Posso pedir saladas em restaurantes *fast-food* em vez de comer hambúrgueres e batatas fritas; também posso voltar a caminhar todos os dias. Sou capaz de fazer isso. Já fiz antes. Meu corpo é o santuário de Deus, e preciso cuidar mais dele. Posso todas as coisas em Cristo, que me fortalece".

Rachel: "É ridículo pensar que não consigo controlar minha paixão com Teodoro. Não fomos parar na cama de repente. Houve outras situações antes disso. Os beijos, os toques, a caminhada da sala de TV até o quarto. Podemos parar com isso. Deus, eu me arrependo agora desse pecado em minha vida. Dedico meu corpo a ti e oro para que me dês força para resistir à tentação. Vou guardar meu coração e parar de me colocar em situações que me levem a pecar. Posso todas as coisas em Cristo, que me fortalece".

Martha: "É tolice pensar que não consigo mudar a maneira de falar com minha família. Vou iniciar cada dia dedicando minhas palavras a Deus. Vou pôr uma sentinela em minha boca. Ó Senhor, guarda a porta de meus lábios. Que as palavras de minha boca e a meditação do meu coração sejam agradáveis a ti. Posso todas as coisas em Cristo, que me fortalece".

Quando dizemos a nós mesmas que não conseguimos nos controlar — que é assim que somos —, nós nos vemos como vítimas. Enquanto nos virmos como vítimas, enquanto formos controladas por alguém ou por alguma coisa, nunca mudaremos. Mas, quando nos vemos como pessoas com capacidade para escolher, podemos pedir a Deus que nos dê poder e firmeza para resistir à tentação.

Satanás sabe que, se conseguir nos convencer de que somos incapazes de nos controlar, permaneceremos escravas da mentira. A verdade é esta: posso tomar a decisão de não acreditar nas palavras de Satanás e, pelo poder do Espírito Santo que habita em mim, posso agir de forma diferente. Liberdade de escolha. Possibilidade de optar. Deus assumiu um grande risco quando concedeu livre-arbítrio ao homem. A autonomia para decidir pode ser uma bênção ou uma maldição: depende da forma como a usamos.

Sempre haverá uma escolha. O mundo ensina que não temos nenhum controle sobre muitos comportamentos pecaminosos. "Eu nasci assim." Nasceu assim? Sim, nascemos com tendência a pecar, mas não nascemos geneticamente dispostas a ter uma vida de pecado, sem nenhum controle sobre o que fazemos. Quando tentado, o cristão tem a escolha de reagir de acordo com a carne ou de acordo com o Espírito (o poder de Deus operando em nós). Uma escolha está em conflito com a outra (cf. Gl 5.17).

A persistência em determinado pecado cria uma fortaleza em sua vida — uma forma negativa de pensar, construída tijolo por tijolo e por pensamentos repetitivos, que se desenvolve ao longo do tempo ou se origina de um evento traumático do passado. Você passa a viver em uma prisão e pensa: "Não consigo me controlar", mas certamente pode invocar o poder de Deus para demolir as paredes da masmorra. Temos poder divino para destruir fortalezas (cf. 2Co 10.4).

Lembro-me do tempo em que eu me considerava incompetente. Sempre achava que não era suficientemente capaz. Ninguém tinha ideia de que eu vivia presa em uma fortaleza, porque a voz interior que me impulsionava dizia "vou me esforçar mais". Ninguém via que, por onde ia, eu arrastava uma bola presa a uma corrente. Arrastei correntes por seis anos na equipe de líderes de torcida, no período de estágio para obter o reconhecimento da National Honor Society[1] e em uma das melhores universidades de nosso estado.

Antes de aceitar Cristo no coração, eu era uma incrédula insegura. Depois que aceitei Cristo, passei a ser uma cristã insegura. Ah, claro, li o versículo que dizia que eu era nova criação em Cristo, mas não tinha ideia do que isso significava. Pelo que sabia, eu agora tinha passe livre para "sair do inferno", mas achava que não estava à altura de causar nenhum impacto duradouro enquanto vivesse neste mundo. "Vou me esforçar mais" passou a ser meu mantra espiritual.

Veja, eu estava tentando "me controlar" em vez de confiar no poder do Espírito Santo para trabalhar em mim e por meu intermédio. Não tenho poder em mim mesma para me controlar. Mas, por meio do Espírito Santo, posso todas as coisas em Cristo, que me fortalece.

Quando reconhecermos as mentiras que foram programadas em nossa mente, quando rejeitarmos essas mentiras e as substituirmos pela verdade, começaremos a destruir a fortaleza do "Não consigo me controlar". A bandeira da incompetência será arriada do castelo de nosso coração e substituída pela bandeira da confiança.

Aceitando a promessa, o propósito e o poder do Espírito Santo

Se você tivesse de partir para a guerra e soubesse que seria colocada na linha de frente, com poucas chances de voltar para casa e para seus familiares, o que lhes diria? Pense nas últimas instruções que daria a seus filhos, na declaração de amor sussurrada no ouvido de seu marido e nas palavras de carinho que diria aos amigos.

Jesus encontrava-se nessa situação na última ceia com os discípulos no cenáculo. Jesus lhes dera, o tempo todo, indicações de como sua vida terrena terminaria e do propósito de ele ter vivido tão pouco tempo neste mundo. Mas eles não entenderam. Acreditavam que seu rei seria sempre adorado, como ocorreu quando ele entrou na cidade montado em um jumentinho e foi saudado com ramos de palmeira e louvores.

Durante a última ceia com os discípulos, Jesus deve ter recapitulado mentalmente tudo o que precisava dizer aos seus amigos antes de seguir para a cruz. Esses momentos maravilhosos estão registrados em João 13-17. As palavras desse texto estão entre as mais preciosas da Bíblia, e não me canso de lê-las. Gostaria que você lesse esses capítulos e se colocasse naquela sala com Jesus, porque você, querida, também é discípula dele, e as palavras que ele disse aos Doze se aplicam igualmente à sua vida.

Vamos analisar em particular uma palavra de consolo e instrução a respeito de um presente de despedida que Jesus deixou a seus amigos próximos. Ele disse:

> "Digo-lhes a verdade: Aquele que crê em mim fará também as obras que tenho realizado. Fará coisas ainda maiores do que estas, porque eu estou indo para o Pai. E eu farei o que vocês pedirem em meu nome, para que o Pai seja glorificado

no Filho. O que vocês pedirem em meu nome, eu farei. Se vocês me amam, obedecerão aos meus mandamentos. E eu pedirei ao Pai, e ele lhes dará outro Conselheiro para estar com vocês para sempre, o Espírito da verdade. O mundo não pode recebê-lo, porque não o vê nem o conhece. Mas vocês o conhecem, pois ele vive com vocês e estará em vocês. Não os deixarei órfãos; voltarei para vocês. Dentro de pouco tempo o mundo não me verá mais; vocês, porém, me verão. Porque eu vivo, vocês também viverão. Naquele dia compreenderão que estou em meu Pai, vocês em mim, e eu em vocês. Quem tem os meus mandamentos e lhes obedece, esse é o que me ama. Aquele que me ama será amado por meu Pai, e eu também o amarei e me revelarei a ele".

João 14.12-21

Você percebeu que o Espírito Santo já estava *com* eles, mas daquele momento em diante estaria *neles*? Que diferença isso faz na vida de alguém? Que diferença tem feito em sua vida?

Jesus deu-lhes a promessa do Espírito Santo e, depois, contou qual era o propósito do Consolador.

"Mas eu lhes afirmo que é para o bem de vocês que eu vou. Se eu não for, o Conselheiro não virá para vocês; mas se eu for, eu o enviarei. [...] Tenho ainda muito que lhes dizer, mas vocês não o podem suportar agora. Mas quando o Espírito da verdade vier, ele os guiará a toda a verdade. Não falará de si mesmo; falará apenas o que ouvir, e lhes anunciará o que está por vir. Ele me glorificará, porque receberá do que é meu e o tornará conhecido a vocês. Tudo o que pertence ao Pai é meu. Por isso eu disse que o Espírito receberá do que é meu e o tornará conhecido a vocês."

João 16.7,12-15

Mais uma vez, depois de sua morte e ressurreição, Jesus deu as instruções finais aos discípulos antes de assentar-se à direita de Deus no paraíso... e essas instruções diziam respeito ao Espírito Santo. Jesus deixara com os discípulos a promessa e o propósito, e agora estava lhes dizendo que deveriam aguardar o poder.

> "Não saiam de Jerusalém, mas esperem pela promessa de meu Pai, da qual lhes falei. Pois João batizou com água, mas dentro de poucos dias vocês serão batizados com o Espírito Santo. [...] Mas receberão poder quando o Espírito Santo descer sobre vocês, e serão minhas testemunhas em Jerusalém, em toda a Judeia e Samaria, e até os confins da terra."
>
> Atos 1.4-5,8

Alguns dias depois, o Espírito Santo desceu sobre os discípulos e transformou um grupo de covardes e confusos em poderosos pregadores que tinham o dom de profetizar. Eles ordenaram a um aleijado que andasse, expulsaram demônios, pregaram a muita gente, enfrentaram multidões iradas e riram diante da morte.

Eles mudaram o mundo.

Desde aquele evento glorioso do Pentecoste, quando o Espírito Santo desceu sobre os cristãos no culto de adoração, um novo dia brilhou para a igreja. O Espírito Santo passou a habitar em cada pessoa que aceitou Jesus como Senhor e Salvador (cf. Rm 8.9). O Espírito do Deus vivo concedeu-nos o mesmo poder que ressuscitou Jesus dentre os mortos.

E por que não exercitamos esse poder? Porque não cremos.

Em alguns países, é comum ouvirmos falar de curas milagrosas, sinais e maravilhas, até mesmo de ressurreição. Ninguém disse a essa gente que tais coisas deixaram de acontecer. Louvado seja Deus por isso! Esses povos acreditam no poder do Espírito Santo em sua vida e aguardam a ação de Deus quando invocam seu nome. Ah, quem dera deixássemos de lado nossa mente requintada e intelectualizada e nos aproximássemos de Deus como crianças que acreditam nas palavras e promessas dele!

Quando aceitamos Cristo no coração, recebemos o Espírito Santo como garantia de nossa herança celestial (cf. Ef 1.14), como selo em nosso coração (cf. Ef 1.13) e como habitante permanente em nós (cf. Jo 14.16). Temos a escolha de cooperar com ele e andar em vitória, ou desprezá-lo e sofrer derrotas.

"Não consigo me controlar?" Que tolice!, como diria minha avó camponesa. Deus concedeu-nos poder para fazer tudo o que ele planejou para nós — e isso inclui viver em obediência. Esta é a mentira do inimigo: "Não consigo me controlar". Esta é a verdade de Deus: "Tudo posso naquele que me fortalece" (Fp 4.13).

Reconheça a mentira: Não consigo me controlar.
Rejeite a mentira: Isso não é verdade.
Substitua a mentira pela verdade:

> Vocês foram libertados do pecado e tornaram-se escravos da justiça [...] porque por meio de Cristo Jesus a lei do Espírito de vida me libertou da lei do pecado e da morte.
> Romanos 6.18; 8.2

> Não sobreveio a vocês tentação que não fosse comum aos homens. E Deus é fiel; ele não permitirá que vocês sejam tentados além do que podem suportar. Mas, quando forem tentados, ele mesmo lhes providenciará um escape, para que o possam suportar.
> 1Coríntios 10.13

Seu divino poder nos deu tudo de que necessitamos para a vida e para a piedade, por meio do pleno conhecimento daquele que nos chamou para a sua própria glória e virtude. Dessa maneira, ele nos deu as suas grandiosas e preciosas promessas, para que por elas vocês se tornassem participantes da natureza divina e fugissem da corrupção que há no mundo, causada pela cobiça.

2Pedro 1.3-4

Resistam ao Diabo, e ele fugirá de vocês.

Tiago 4.7

Mas, em todas estas coisas somos mais que vencedores, por meio daquele que nos amou.

Romanos 8.37

13

Não há esperança em minha vida

MENTIRA: *Não há esperança em minha vida.*
VERDADE: *O meu Deus é capaz de fazer infinitamente mais do que tudo o que peço ou penso (cf. Ef 3.20).*

Horatio Spafford nasceu em 20 de outubro de 1828, em North Troy, Nova York. Foi um advogado bem-sucedido em Chicago, dedicado às Escrituras e ao seu relacionamento com Jesus Cristo. Em 1871, pouco depois de Spafford ter investido grande parte de seu dinheiro em imóveis, um incêndio de enormes proporções devastou a cidade, aniquilando seus bens e economias. Pouco antes do incêndio, ele chorou a morte do único filho homem.

Dois anos após o incêndio, Spafford planejou viajar de férias à Europa com a família. Queria proporcionar uns dias de descanso à esposa e às filhas e, ao mesmo tempo, assistir às campanhas evangelísticas de D. L. Moody na Grã-Bretanha. Mas, pouco antes de o navio zarpar, Spafford foi chamado para resolver um assunto de negócios. Embarcou a mulher e as quatro filhas no S. S. Ville du Havre e despediu-se de cada uma com um beijo, prometendo ir ao encontro delas dali a alguns dias. Mas, em 22 de novembro, o navio que transportava a família de Spafford colidiu com uma embarcação inglesa e afundou no Atlântico. Em questão de doze minutos, 226 pessoas morreram afogadas, dentre elas as quatro filhas de Spafford.

Depois que os sobreviventes foram transportados em segurança para terra firme no País de Gales, a mulher de Stafford enviou um telegrama ao marido com duas simples palavras: "Salva sozinha". Spafford partiu de Chicago imediatamente para buscar a mulher e trazê-la de volta para casa. Ao passar perto do local onde as filhas deram os últimos suspiros, em meio a um terrível sofrimento, ele escreveu as palavras de um de meus hinos favoritos.

Sou feliz

Se paz a mais doce me deres gozar,
Se dor a mais forte sofrer,
Oh, seja o que for, tu me fazes saber
Que feliz com Jesus sempre sou!

Sou feliz com Jesus,
Sou feliz com Jesus, meu Senhor!

Embora me assalte o cruel Satanás,
E ataque com vis tentações;
Oh! Certo eu estou, apesar de aflições,
Que feliz eu serei com Jesus!

Meu triste pecado, por meu Salvador
Foi pago de um modo cabal!
Valeu-me o Senhor, oh, mercê sem igual!
Sou feliz, graças dou a Jesus!

A vinda eu anseio do meu Salvador
Em breve me virá levar
Ao céu, aonde vou para sempre morar
Com remidos na luz do Senhor.

As tempestades da vida

Deus diz que teremos dificuldades na vida. Jesus declarou: "Neste mundo vocês terão aflições; contudo, tenham ânimo! Eu venci o mundo" (Jo 16.33).

Como lidar com as dificuldades? O que devemos fazer? Eu sei o que o inimigo quer que façamos. Ele quer que desistamos... abandonemos o barco. Durante tempos difíceis, ele nos diz que a situação é irremediável: a doença é incurável; a perda, irrecuperável; a decisão, irrevogável; a destruição, irreparável; a tristeza, inconsolável, e as circunstâncias, irreversíveis. Tudo mentira.

Em toda a Bíblia vemos Deus transformando situações aparentemente irremediáveis em vitórias miraculosas. Ele deu ao profeta a visão de um amontoado de ossos secos transformados em um exército poderoso (cf. Ez 37). Ora, se Deus é capaz de fazer isso, certamente é capaz de transformar nossa vida despedaçada.

Quando estava grávida de meu primeiro filho, senti muitas náuseas. A sensação era a de estar dentro de um barco balançando de um lado para o outro, açoitado por ondas imensas, sem nenhuma possibilidade de chegar a terra firme. No entanto, eu sabia que em nove meses as náuseas cessariam e eu carregaria nos braços um lindo bebê pelo qual tanto havia orado. O tempo todo eu dizia a mim mesma: "Esta leve e momentânea aflição será recompensada no final!".

Comecei a entender que a maioria das bênçãos maravilhosas da vida começa com uma situação de grande sofrimento. Muitos sonhos nascem de provações e lutas. Ah, quem dera tivéssemos essa atitude diante de cada dificuldade na vida. E há uma boa notícia: isso é possível.

"Passadas estas coisas..."

Uma de minhas expressões favoritas na Bíblia é: "Passadas estas coisas" (Jo 7.1, RA). Sim, tirei a frase do contexto, mas ela tem sido verdadeira em minha vida. A vida muda. O inimigo usa uma nota baixa na faculdade, uma situação financeira desesperadora ou uma crise no casamento para mentir para nós, dizendo que será sempre assim, que nunca mudará e que a esperança acabou. A Bíblia, porém, diz que há tempo para tudo na vida.

> Para tudo há uma ocasião certa;
> há um tempo certo para cada propósito
> debaixo do céu.
>
> Eclesiastes 3.1

A vida é cheia de lutas que certamente passam. Mas às vezes desistimos cedo demais.

Deus fez-me lembrar de minha pressa em desistir cedo demais depois que assisti a um jogo da NCAA (sigla em inglês para Associação Atlética Universitária Nacional) com minha família. Tratava-se de um torneio chamado "March Madness" [Loucura de março], muito apreciado pela família Jaynes.

Era uma sexta-feira à noite, e minha família e eu estávamos vendo o time de basquete do Tar Heels, da Universidade da Carolina do Norte em Chapel Hill, jogar com o time da Carolina do Sul. Nós três nos formamos pela Universidade da Carolina do Norte, e estávamos torcendo pelo Tar Heels, mas a situação não parecia nada boa para o time da casa. Na metade do segundo tempo, estávamos dezesseis pontos atrás do time adversário.

— Vamos perder — concordamos.

— Não vale a pena ficar acordado — Steve disse. — É tarde. Estou cansado. Não quero ver nosso time levar uma surra. Eles nunca vão recuperar os dezesseis pontos e parecem cansados também.

Desligamos a TV e desejamos boa noite uns aos outros. Imagine nossa surpresa no sábado de manhã quando abrimos o jornal e lemos a manchete: "A grande virada do Tar Heels!". Eles ganharam o jogo por 74 a 64... e nós não vimos.

Quase fui capaz de ouvir Deus caçoando de mim atrás da porta. "Percebeu? Você desistiu cedo demais... de novo".

Às vezes, quando estamos no meio da luta e sentimos que vamos perder, desistimos do jogo e vamos dormir. Mas as aparências enganam. O jogo não terminou. Deus continua a agir, e, se desistirmos, perderemos a alegria da vitória. Não sei quanto a você, mas eu não quero ouvir da boca de terceiros que houve uma vitória milagrosa, nem quero perder um segundo sequer de cada lance.

Deus muda nossas circunstâncias

A Bíblia conta a história de uma viúva que estava em situação desesperadora. Faltava-lhe comida, ela desistira de viver e não tinha esperança de que sua vida mudaria. Mas, no momento em que ela estava prestes a fazer a derradeira refeição, Deus interveio.

Elias, um profeta, morava perto do riacho de Querite, a leste do Jordão. O povo de Israel se rebelara contra Deus, que, por isso, enviou uma seca para chamar a atenção dele. No entanto, Deus protegeu Elias, ordenando-lhe que fosse morar perto do riacho, e enviou corvos para lhe levarem pão e carne à noite. A situação não era tão má. Pense nos restaurantes *fast-food*.

Isso, porém, foi temporário. Pouco tempo depois o riacho secou. Por que Deus providenciou água do riacho e depois o fez secar? Porque ele tinha um plano grandioso de abençoar outra pessoa. Deus enviou Elias a Sarepta, onde "ordenou a uma viúva" que fornecesse comida a Elias. Porém, ao ler o texto bíblico, temos a impressão de que Deus avisou Elias, mas se esqueceu de avisar a mulher.

Quando Elias chegou à casa da viúva, ela estava ajuntando gravetos para preparar a última refeição. Depois de dar uma olhada na despensa, ela viu que tinha farinha e óleo suficientes apenas para fazer o último pão. Aos olhos da mulher, aquela situação terrível jamais mudaria. Estava tudo acabado. Era o fim.

A mulher, entretanto, não sabia que aquilo era apenas o começo. Vamos acompanhar Elias enquanto ele se aproxima daquela mulher desesperada.

> E ele foi [para Sarepta]. Quando chegou à porta da cidade, encontrou uma viúva que estava colhendo gravetos. Ele a chamou e perguntou: "Pode me trazer um pouco d'água numa jarra para eu beber?" Enquanto ela ia buscar água, ele gritou: "Por favor, traga também um pedaço de pão". Mas ela respondeu: "Juro pelo nome do Senhor, o teu Deus, que não tenho nenhum pedaço de pão; só um punhado de farinha num jarro e um pouco de azeite numa botija. Estou colhendo uns dois gravetos para levar para casa e preparar uma refeição para mim e para o meu filho, para que a comamos e depois morramos". Elias, porém, lhe disse: "Não tenha medo. Vá para casa e faça o que disse. Mas primeiro faça um pequeno bolo com o que você tem e traga para mim, e depois faça algo para você e para o seu filho. Pois assim diz o Senhor, o Deus de Israel: 'A farinha na vasilha não se acabará e o azeite na botija não se secará até o dia em que o Senhor fizer chover sobre a terra'". Ela foi e fez conforme Elias lhe dissera. E aconteceu que a comida durou muito tempo, para Elias e para a mulher e sua família. Pois

a farinha na vasilha não se acabou e o azeite na botija não se secou, conforme a palavra do Senhor proferida por Elias.

1Reis 17.10-16

Quando pensamos que não há esperança na vida, Deus intervém. Não permita que o inimigo a convença de que a vida não pode ser diferente do que é no momento de sua maior necessidade. Simplesmente não é verdade. Deus é um Deus de milagres. Embora nunca mude, ele certamente pode mudar nossas circunstâncias, conforme atesta esta carta que me foi enviada:

Prezada Sharon,

Doze anos atrás, minha casa foi completamente destruída por um incêndio e perdemos tudo. Dez meses depois, meu marido morreu, aos 40 anos de idade. Eu estava com 37. Tínhamos dois filhos adolescentes. Senti que minha vida havia chegado ao fim, mas, oito anos depois, casei novamente. Depois disso, a vida só piorou. Meu novo marido e meu enteado discutiam o tempo todo. Lembro-me do dia em que me sentei no chão do banheiro do local onde eu trabalhava, chorando e acreditando que a única saída seria dormir e nunca mais acordar. Eu tinha o plano perfeito, e quase funcionou.

Nossa família voltara a frequentar a igreja. Eu havia frequentado no passado, mas afastara-me de Deus. Havia uma mulher na igreja que foi avisada por Deus e interveio quando tentei o suicídio. Deus estendeu a mão para mim e salvou-me a vida. Vi, com muita clareza, que ele ajeitou a situação para impedir-me de levar meu plano adiante.

Entreguei a vida a Jesus e comecei a orar para que Deus me mudasse. Isso ocorreu três anos atrás, e posso dizer com toda a sinceridade que minha vida é maravilhosa. Meu marido aceitou Cristo no coração e será batizado daqui a alguns dias. Deus tirou-me do fundo do poço, e eu o louvo por tudo o que ele fez por mim.

Li a carta e murmurei uma oração de louvor. Fiquei muito grata a Deus por ele ter impedido Gilda de atentar contra a própria vida. Este é o objetivo principal de Satanás, você sabe. "O ladrão [inimigo] vem apenas para roubar, matar e destruir" (Jo 10.10). O suicídio não passa de uma solução permanente para um problema temporário. *Sempre há esperança.*

DEUS MUDA NOSSO MODO DE VER A VIDA

Eu sabia que aqueles nove meses de náuseas matutinas terminariam com o choro agudo do bebê, uma preciosa trouxinha em meus braços. Sabia que haveria um fim. Mas e quando não sabemos qual será o desfecho? E quando não vemos luz no fim do túnel? É aí que precisamos confiar em Deus.

Às vezes, Deus não muda de uma só vez a nossa situação difícil. Quase sempre o plano divino é revelado aos poucos. Uma autora escreveu estas palavras a respeito da cura:

> A cura, conforme aprendi, é um trabalho oculto. É o toque de Deus nos lugares sensíveis e expostos de nossa alma. É algo que você não sente imediatamente, algo que não consegue enxergar. Não é necessário marcar aquele dia no calendário. Você simplesmente olha para as semanas e os meses que se passaram e percebe que não sofre mais da maneira que costumava sofrer.[1]

Uma das palavras usadas para designar Deus no Antigo Testamento indica "aquele que vem para resgatar". Sim, Deus pode resgatar-nos de nossas circunstâncias, e ele faz isso muitas vezes. Mas ele também pode resgatar-nos *em* nossas circunstâncias. Paulo e Silas encontravam-se em situação muito difícil. Estavam atrás das grades por terem proclamado as boas-novas da ressurreição de Jesus e libertado uma moça possuída de um espírito maligno. A moça deixou de predizer o futuro, e o patrão dela ficou furioso por ter perdido sua fonte de renda. Paulo e Silas foram presos, açoitados e trancados no cárcere, com os pés presos a troncos.

E o que eles fizeram enquanto estavam acorrentados e sangrando? Começaram a cantar e orar. Sim, cantar! De repente, enquanto os outros prisioneiros ouviam a música, Deus decidiu mostrar uma pequena porção de seu poder. Um violento terremoto sacudiu os alicerces da prisão, e as portas se abriram. As correntes de todos se soltaram (cf. At 16).

Quando começamos a louvar a Deus em nossas circunstâncias, as outras pessoas que nos ouvem e veem também são abençoadas. Talvez sua confiança em Deus venha a ser o veículo por meio do qual outras pessoas serão libertadas de suas correntes pessoais.

Deus diz: "Será que meu braço era curto demais para resgatá-los? Será que me falta a força para redimi-los?" (Is 50.2). Talvez suas circunstâncias difíceis estejam fundas demais para vir à tona, altas demais para ser alcançadas ou largas demais para que você consiga passar os braços ao redor delas. Mas os braços de Deus nunca são curtos demais para puxá-la, alcançá-la ou abraçá-la e segurá-la firmemente perto dele.

Um de meus filmes favoritos é *A felicidade não se compra*. Ele conta a história de um homem chamado George Bailey. Você deve conhecê-la. George morava em uma cidadezinha na qual seu pai dirigia uma instituição financeira e emprestava dinheiro. George prometeu a si mesmo que sairia daquele vilarejo "atrasado" para conhecer o mundo. Mas a vida não transcorreu como ele esperava.

Depois que o pai morreu de derrame cerebral, os sonhos de George de conhecer o mundo e estudar na faculdade foram por água abaixo. Vários anos depois, George tinha uma hipoteca, uma esposa e três filhos adoráveis. Em uma véspera de Natal, seu tio Billy, um homem muito distraído que trabalhava no banco com ele, perdeu uma grande quantidade de dinheiro. George foi à falência e possivelmente seria preso. Sem ver nenhuma saída para aquela situação desesperadora, ele disse: "Seria melhor eu não ter nascido".

George estava prestes a dar cabo da vida quando lhe apareceu um anjo chamado Clarence. No restante do filme, Clarence leva George a fazer um passeio por sua vida, para mostrar-lhe o que teria acontecido se ele não tivesse nascido. O irmão dele, Harry, teria morrido afogado quando era criança. Mary, a mulher de George, teria ficado solteirona. O farmacêutico da cidade teria sido preso por ministrar medicação errada a um paciente. Outras tragédias foram evitadas graças à vida de George.

No final do filme, George compreende que sua vida é maravilhosa e corre para casa, agora vendo tudo de modo mais otimista. As circunstâncias não mudaram, mas sua nova perspectiva mudou tudo.

Às vezes Deus muda nossas circunstâncias e às vezes ele muda nossa maneira de vê-las. Há sempre esperança na vida porque servimos a um Deus maravilhoso que promove mudanças e vitórias miraculosas.

Sou feliz com Jesus

Eu gostaria de dizer que todas as vezes que a vida me traz uma surpresa desagradável, começo a cantar "Sou feliz com Jesus". Gostaria de dizer que, quando meu bebê morreu, cantarolei essa música. Ou que, quando o teste de gravidez foi negativo pela 36ª vez, repeti essas palavras. Gostaria de dizer que, no dia em que meu pai olhou para mim e não conseguiu lembrar meu nome por causa do mal de Alzheimer, assobiei esse hino. Mas não foi o caso. Eu me afligi. Chorei. Gritei de desespero.

Mas Deus (você não adora ler a expressão "mas Deus" na Bíblia?) *me ensinou a dizer:* "Sou feliz com Jesus". Como? Substituindo as mentiras pela verdade. De fato, as situações não mudaram. Não cheguei a ver meu bebê, não voltei a engravidar, e meu pai não foi curado do mal de Alzheimer. As circunstâncias não mudaram, mas minha maneira de ver a vida mudou.

Comecei a entender que meu bebê estava com Jesus. Comecei a entender que Deus tinha um plano maior para a minha vida, e esse plano incluía filhos espirituais no mundo inteiro. Comecei a entender que meu Pai celestial nunca esqueceu meu nome.

Sou feliz com Jesus!

> *Reconheça a mentira:* Não há esperança em minha vida.
> *Rejeite a mentira:* Isso não é verdade.
> *Substitua a mentira pela verdade:*
>
>> Descanse somente em Deus, ó minha alma; dele vem a minha esperança. Somente ele é a rocha que me salva; ele é a minha torre alta! Não serei abalado!
>>
>> Salmos 62.5-6
>
>> Mas eu sempre terei esperança e te louvarei cada vez mais.
>>
>> Salmos 71.14
>
>> Pois os nossos sofrimentos leves e momentâneos estão produzindo para nós uma glória eterna que pesa mais do que todos eles. Assim, fixamos os olhos, não naquilo que se vê, mas no que não se vê, pois o que se vê é transitório, mas o que não se vê é eterno.
>>
>> 2Coríntios 4.17-18

14

Deus não me ama

MENTIRA: *Deus não me ama.*
VERDADE: *Deus me ama de maneira total, completa e incomensurável (cf. Ef 3.17-19).*

Quando eu era menina, meu pai passava a maior parte do dia trabalhando em sua empresa de materiais de construção, observando os locais das edificações ou em companhia de seus colegas e ajudantes. Embora ele trabalhasse a poucos quarteirões de casa, seu coração estava a quilômetros de distância, em algum lugar que eu não sabia. Não era todos os dias que papai bebia, mas quando o fazia o efeito do álcool era devastador. Ele carregava consigo uma raiva que parecia estar oculta logo abaixo da superfície de sua pele rija. E, quando bebia, a raiva vinha à tona e escorria como lava incandescente, atingindo todos ao redor dele.

Muitas vezes, nos tempos de infância, eu ia me deitar em silêncio, puxava as cobertas até o queixo, ou cobria a cabeça com elas, e orava para cair logo no sono a fim de não ouvir meus pais brigando. De vez em quando, eu andava na ponta dos pés para pegar minha caixinha de música cor-de-rosa, dentro da qual havia uma bailarina. Depois de girar uma chave na parte traseira da caixinha para dar corda e fazer a música tocar, eu tentava me concentrar no som tilintante e na bailarina dançando com as mãos acima da cabeça.

Eu tinha medo de meu pai. Mesmo quando ele estava sóbrio, eu mantinha distância.

Ao mesmo tempo, observava como os pais das outras meninas procediam. Eles as colocavam no colo, andavam de mãos dadas com elas no parque ou as beijavam no rosto quando as deixavam de manhã na porta da escola. Em razão disso, um sonho nasceu no fundo de meu coração. Eu sonhava que um dia teria um pai que me amaria — não por eu ser bonita ou tirar notas boas na escola, nem mesmo por saber tocar piano com desenvoltura, mas apenas porque eu lhe pertencia.

O SONHO TORNOU-SE REALIDADE

O Antigo Testamento atribui muitos nomes a Deus, mas, no Novo Testamento, Jesus ressalta a função de Deus como nosso *Pai*. Foi o nome a que Jesus se referiu mais vezes que qualquer outro e o nome que ele nos convida a usar para falar com o criador do Universo. Pare e pense por alguns instantes. O Deus de toda a criação, que sempre foi e sempre será — o Deus onisciente, onipotente e onipresente — nos convida a chamá-lo de *Papai*! Ele disse: "E lhes serei Pai, e vocês serão meus filhos e minhas filhas" (2Co 6.18).

Para muitas pessoas, a ideia de ter Deus como pai não é agradável. Nossa tendência é projetar em Deus, nosso Pai celestial, a noção que temos de nosso pai terreno. Algumas pessoas não conheceram o pai terreno, algumas tiveram um pai abusivo, algumas foram abandonadas pelo pai, algumas tiveram um pai carinhoso e outras perderam o pai em razão de doença ou catástrofe. Até mesmo os melhores pais terrenos têm pés de barro e decepcionam os filhos.

Seja qual for a experiência que você teve ou tem com seu pai terreno, saiba que seu Pai celestial é o pai perfeito que a ama, cuida de todas as suas necessidades, tem interesse por tudo o que você faz, orienta com muita habilidade, ensina com sabedoria, nunca a abandona, supre generosamente suas necessidades, está sempre disponível e a ama como sua filha querida. Ele a ama com amor eterno. Ele é apaixonado por *você*.

O AMOR INCONDICIONAL DE DEUS

Lamentavelmente, vivemos em um mundo que nos aceita com base em nossas realizações. Crescemos acreditando nestas ideias: "Se eu tirar boas notas, meus pais me amarão. Se eu mantiver o quarto sempre em ordem, minha mãe me aprovará. Se eu tiver sucesso no time, meus amigos e amigas me admirarão. Se eu for bonita, os rapazes gostarão de mim. Se eu cozinhar bem, conservar a casa limpa e tiver um bom desempenho na cama, meu marido me amará. Se eu cumprir os prazos, não cometer erros e entregar o trabalho na data marcada, meu chefe me recompensará. Se eu ligar para minha mãe três vezes por semana, visitá-la uma vez por semana e passar o Natal e o Dia de Ação de Graças em sua casa, ela me aprovará. Se eu...".

A partir do instante que saímos da segurança do útero da mãe, entramos em um mundo de aceitação com base em realizações. Crescemos acostumadas a isso. Mas, amiga, Deus não nos ama pelo mérito de nosso comportamento. Ele nos ama porque somos dele.

Adoro estas palavras que Paulo escreveu à igreja em Éfeso:

> Porque Deus nos escolheu nele antes da criação do mundo, para sermos santos e irrepreensíveis em sua presença. Em amor nos predestinou para sermos adotados como filhos, por meio de Jesus Cristo, *conforme o bom propósito* da sua vontade, para o louvor da sua gloriosa graça, a qual nos deu gratuitamente no

Amado. [...] E nos revelou o mistério da sua vontade, *de acordo com o seu bom propósito* que ele estabeleceu em Cristo, isto é, de fazer convergir em Cristo todas as coisas, celestiais ou terrenas, na dispensação da plenitude dos tempos.

Efésios 1.4-6,9-10

Por que Deus nos ama tanto? Porque ele nos quer para si. Por causa de seu bom propósito.

No Antigo Testamento, os israelitas foram instruídos a seguir todos os regulamentos e regras. Eles imaginavam que, se seguissem a lei à risca, seriam aceitos por Deus. O povo, porém, não tinha condições de lembrar todas as leis, muito menos de obedecer a elas.

Para mim, um dos motivos pelos quais Deus instituiu a antiga aliança foi para mostrar que não temos meios de ir para o céu por conta própria. Ninguém é capaz de ter uma conduta perfeita. Nossa natureza e capacidade não conseguem fazer isso. "Todos os nossos atos de justiça são como trapo imundo" (Is 64.6).

Foi por isso que Deus enviou seu Filho, Jesus Cristo, o qual entregou sua vida perfeita e imaculada como sacrifício por nossos erros e pecados. As últimas palavras de Jesus foram: "Está consumado!". A dívida foi totalmente paga, e não precisamos de realizações para ser aceitas. Ele fez, de uma vez por todas, o que somos incapazes de fazer. Por que Deus fez isso? Por que entregou seu Filho unigênito para nos perdoar, purificar e livrar do pecado? Porque ele me ama muito. Porque ele a ama muito (cf. Jo 3.16).

No entanto, aqui há uma peculiaridade interessante. Deus não nos ama porque temos bom comportamento, mas, se o amarmos, teremos bom comportamento. Jesus disse que, se o amarmos, nós lhe obedeceremos (cf. Jo 14.15,23). O desejo de agradar a Deus flui de um coração que o ama.

Deus, porém, nos ama independentemente de nossas ações. A mente humana tem dificuldade de entender esse conceito porque ele não faz parte de nossa natureza. Os caminhos de Deus são mais altos que os nossos, e seu amor é incondicional, imutável, insondável, incomensurável.

OS CAMINHOS INFINITAMENTE SÁBIOS DE DEUS
"Mamãe, mamãe", Steve gritou, chorando. "Não deixe que elas me machuquem!"

Meu filho tinha 2 anos quando contraiu uma gripe muito forte. Afundou-se completamente sem forças em meu colo, como se fosse uma boneca de trapo. Quando o levei à clínica, o médico logo constatou que Steven estava desidratado e precisava dar entrada no hospital imediatamente.

Meu coração se condoeu quando as enfermeiras amarraram meu garotinho em uma mesa e começaram a introduzir agulhas intravenosas nos bracinhos dele.

— Mamãe! — ele gritou. — Mande essa gente parar! Elas estão me machucando!

— Não, querido — tentei tranquilizá-lo. — Elas vão ajudar você a sentir-se melhor.

Steven chorou. Eu chorei. As enfermeiras choraram.

Eu podia imaginar o que se passava na mente de Steven: "Por que essa gente está me machucando? Por que mamãe está permitindo? Acho que ela não me ama. Ela não está me protegendo. Se me amasse, não deixaria que elas fizessem isso. Acho que mamãe não se importa comigo".

Em pé no canto da sala, vendo meu menino chorar, eu me perguntei se, quando atravesso situações dolorosas que visam ao meu bem, Deus se sente como eu estava me sentindo naquele momento. Eu grito: "Deus, por que estás permitindo que isto aconteça? Tu não me amas? Não te importas com o que está acontecendo comigo? Por que não mandas essa gente parar?".

E Deus pareceu responder-me: "Às vezes você é igual a este cordeirinho. Não entende o propósito para o sofrimento e quase sempre pensa que a abandonei. Mas eu nunca a abandonarei. Você acha que não a amo, mas o meu amor tem a altura do céu e a profundidade do mar. Você acha que não me importo com o que está acontecendo, mas estou planejando seus dias e cuido de cada fio de cabelo seu. Meus caminhos e pensamentos são mais altos que os seus. Sim, eu me preocupo com você e com o que está acontecendo. Estou cuidando de sua saúde e integridade espirituais".

Mesmo quando não entendo, quando não consigo enxergar o plano de Deus, sei que todos os caminhos dele são de amor e bondade. Ele sabe o que é melhor para mim, e ele é sempre bom.

> "Por isso não tema, pois estou com você;
> não tenha medo, pois sou o seu Deus.
> Eu o fortalecerei e o ajudarei;
> eu o segurarei
> com a minha mão direita vitoriosa."
>
> Isaías 41.10

OS CAMINHOS INFINITOS DE DEUS SÃO BONS

Dei um pulo para alcançar o balcão e coloquei meus pezinhos no banquinho giratório diante de mim. Eu tinha 5 anos. Papai estava tomando um refrigerante e conversando com a senhora atrás do balcão. Ela trajava um avental de listras brancas e vermelhas.

— Esta é a minha menina — papai disse com um sorriso.
— Parece uma macaquinha.
— Ora, Allan, até que ela é bonitinha.
Por um momento, pensei que fosse bonita.

• • •

Parei no jardim de uma casa em estilo rural, esperando os gritos cessarem para eu entrar. Papai estava bêbado novamente, e mamãe gritava a plenos pulmões. Por que ele não via que eu estava com medo? Por que bebia? Por que mamãe gritava? Por que eles se agrediam? Depois de viver doze anos no meio dessas explosões vulcânicas, eu achava que já estava acostumada. Mas era sempre uma surpresa.

O dia seguinte era acompanhado de muitas promessas. "Nunca mais vou fazer aquilo", papai dizia. "Sinto muito, Sharon. Nunca mais vou voltar para casa daquele jeito."

Sempre, porém, havia uma próxima vez.

• • •

Fiquei na ponta dos pés no meio de um grupo de crianças de mais idade no palco. Acabara de ser admitida na National Honor Society com várias de minhas amigas. Os *flashes* pipocavam, os pais orgulhosos aplaudiam, e meninos e meninas acenavam para os pais encantados com eles. Mas meus pais não estavam entre aquele radiante auditório. Mais tarde papai explicou: "A escola ligou na noite anterior e me falou sobre a cerimônia, mas adormeci no sofá e acabei esquecendo. Sinto muito, Sharon. Não vai acontecer de novo".

Mas aconteceu.

• • •

Tão logo aceitamos o amor maravilhoso de Deus, surgem as perguntas: posso confiar nele? Posso confiar a Deus minhas esperanças e medos, meus dias e anos? Quando entendemos a profundidade de seu amor, a resposta é sempre sim. O amor expulsa o medo (cf. 1Jo 4.18).

Quando aceitei totalmente a ideia de que Deus me amava, agarrei-me a essa verdade como uma criança à procura de ar para não morrer afogada. Identifiquei-me com o Jesus rejeitado e aceitei o dom indescritível que ele me deu. Maravilhei-me diante do amor de Deus. De verdade. Mas, quando chegou a hora de confiar a ele minhas esperanças e sonhos, a história foi diferente. Assim que os conflitos surgiram, voltei a ser a adolescente procurando, no meio do povo, um pai que não conseguia encontrar. Eu poderia confiar nesse Pai celestial? Não tinha tanta certeza assim.

Um dia, porém, Deus falou a meu coração de maneira comovente. "Não veja o rosto de seu pai em mim", ele pareceu dizer. "Não sou seu pai terreno. Sou seu Pai celestial. Sou sempre bom. Sempre digo a verdade. Quero o melhor para você. Pode confiar em mim."

DEUS É SEMPRE BOM

É fácil confiar em Deus quando tudo vai bem na vida. Mas quando um filho se rebela, a conta bancária está no vermelho ou o resultado da biópsia revela um tumor maligno, perguntamos: "Deus é realmente bom?". Racionalmente, sabemos que Deus é bom, mas o coração tem dificuldade em acreditar. Satanás continua a espalhar a mentira de que Deus não é bom e que pretende omitir informações de nós. Foi isso mesmo que o inimigo fez com Eva. "Deus não quer que você tenha conhecimento. Você não pode confiar nele. Certamente não morrerá."

A vida traz muitas decepções. E é nessas horas de decepção que o inimigo lança as sementes da desconfiança em relação a Deus.

Enquanto lutei todos aqueles anos contra a infertilidade, o inimigo não parava de me dizer: "Deus não a ama. Se a amasse, daria o que você quer. Daria um filho a você. Você não pode confiar nele de todo o coração Não pode confiar seus sonhos a ele".

Quando perdemos nosso segundo filho em um aborto, o inimigo continuou a importunar-me: "Como Deus foi capaz de permitir que isso acontecesse? Como ele foi capaz de partir seu coração dessa maneira? Por que um Deus de amor permite tanto sofrimento?".

Você já se sentiu assim? Penso que quase todas nós já ouvimos o inimigo sussurrar essas mentiras em nossa mente. Mas a verdade é esta: quando Deus diz *não* em uma situação específica de nossa vida é porque ele tem um *sim* muito maior reservado para nós.

Você é capaz de imaginar como os discípulos se sentiram no momento em que a pedra foi colocada na entrada do túmulo de Jesus? "Como isto pôde acontecer? Onde está Deus?" Mas, três dias depois, quando Jesus ressuscitou e apareceu em toda a sua glória aos discípulos, eles receberam a resposta. Deus tinha um plano maior.

Deus é bom... o tempo todo. Vivemos em um mundo pecaminoso, onde coisas ruins acontecem. As pessoas adoecem e morrem. Acidentes ceifam vidas. Furacões, *tsunamis* e terremotos devastam a terra. Pessoas com instintos malignos matam e destroem. A morte e a decepção fazem parte da vida.

Deus, porém, continua a ser bom... o tempo todo. O salmista escreveu: "Tu és bom, e o que fazes é bom" (Sl 119.68).

Deus sempre diz a verdade

Uma das principais razões para confiarmos em Deus é que ele sempre diz a verdade. Ele *é* a verdade.

Davi sofreu muitas tribulações. Foi perseguido durante anos pelo rei Saul, um homem determinado a matá-lo. Os olhos de Davi eram tristes, e sua alma e corpo estavam desgastados pelo sofrimento.

> Minha vida é consumida pela angústia,
> e os meus anos pelo gemido;
> minha aflição esgota as minhas forças,
> e os meus ossos se enfraquecem.
> Por causa de todos os meus adversários,
> sou motivo de ultraje para os meus vizinhos
> e de medo para os meus amigos;
> os que me veem na rua fogem de mim.
> Sou esquecido por eles
> como se estivesse morto;
> tornei-me como um pote quebrado.
>
> Salmos 31.10-12

Davi estava passando por aflições e, apesar de o profeta Samuel tê-lo ungido rei de Israel e sucessor de Saul, o jovem monarca vivia como um criminoso fugitivo.

Eu teria pensado: "Rei? Você disse rei? Para mim, essa não é uma vida de rei".

No entanto, em vez de dar as costas a Deus, Davi virou o rosto para ele.

> Mas eu confio em ti, SENHOR,
> e digo: Tu és o meu Deus.
>
> Salmos 31.14

O que levou Davi a confiar em Deus diante de tantas lutas? Ele já havia decidido no coração que Deus sempre diz a verdade — e a verdade gera confiança. O rei Davi enfrentou tempos muito difíceis, mas orava sempre.

> Nas tuas mãos entrego o meu espírito;
> resgata-me, SENHOR, *Deus da verdade*.
>
> Salmos 31.5

Por que é difícil confiar nos outros? Porque sentimos que eles não estão procurando atender aos nossos melhores interesses ou nem sempre dizem a verdade. "Seja Deus verdadeiro, e todo homem mentiroso" (Rm 3.4). "Deus não é homem para que minta" (Nm 23.19). "É impossível que Deus minta" (Hb 6.18).

Não importa o que os outros digam, Deus sempre diz a verdade.

DEUS QUER O MELHOR PARA VOCÊ

Em pé na beira do Grand Canyon, maravilhei-me ao ver a grandiosidade daquela beleza indescritível. Meus olhos mal conseguiam assimilar tudo o que viam. Até mesmo uma câmera com lente de grande abertura angular não seria capaz de captar aquela imensidão. Mas, quando sobrevoei o local na véspera, consegui avistar tudo, do começo ao fim, de forma majestosa.

Mais uma vez lembrei-me de como Deus vê minha vida. Tenho apenas algumas peças do quebra-cabeça, mas Deus está de posse da tampa da caixa. Não tenho ideia de como será, no fim, o grande retrato de minha vida, mas Deus tem o pincel nas mãos e sabe exatamente onde aplicar a tinta.

O inimigo diz que *nós* sabemos o que é melhor para nossa vida, e sinceramente achamos que também sabemos o que é melhor para a vida dos outros. Mas a verdade é esta: não sabemos de nada. Contudo, conhecemos o que há de melhor para se saber, que pode ser resumido em duas palavras: seguir Jesus. Ele disse: "Eu sou o caminho, a verdade e a vida" (Jo 14.6). Quando andamos com Jesus, ele nos mostra o caminho, um passo por vez, e não experimentamos preocupação nenhuma.

A preocupação é o oposto da confiança. Uma das definições de *preocupação* é "cravar os dentes na garganta e sacudir ou dilacerar como um animal faz com o outro, ou fustigar com mordidas ou abocanhadas repetidas".[1]

É exatamente o que Satanás faz com sua presa. Ele fustiga-nos com um "e se" atrás do outro até o ponto de confundir nossa mente.

Toda preocupação está envolta na mentira de que Deus não é confiável. Se acreditarmos sinceramente na verdade de que Deus nos ama, que Deus é bom, que Deus sempre diz a verdade e que Deus deseja o melhor para nós, deixaremos de nos preocupar. O futuro está nas mãos de Deus, e os planos divinos são bons.

Pedro escreveu: "Lancem sobre ele toda a sua ansiedade, porque ele tem cuidado de vocês" (1Pe 5.7). Outra versão diz o seguinte: "Deixem com Ele todas as suas preocupações e cuidados, pois Ele está sempre pensando em vocês e vigiando tudo o que se relaciona com vocês" (BV).

Temos a tendência de assumir o controle de nossa vida da mesma forma que um passageiro faz quando segura o volante do carro. Acreditamos na mentira de que sabemos o que é melhor para nós e tentamos girar o volante na direção que escolhemos. Quando isso acontece, saímos da estrada, pegamos caminhos errados e quase sempre ficamos sem combustível.

Li no para-choque de um carro: "Deus é meu copiloto". Se esse for o seu caso, passe a ocupar o banco do passageiro.

> "Olho nenhum viu,
> ouvido nenhum ouviu,
> mente nenhuma imaginou
> o que Deus preparou
> para aqueles que o amam."
>
> 1Coríntios 2.9

Deus a ama. Deus é bom. Deus sempre diz a verdade. Deus quer o melhor para você. E você pode confiar nele. Essa é a verdade.

> *Reconheça a mentira:* Deus não me ama.
> *Rejeite a mentira:* Isso não é verdade.
> *Substitua a mentira pela verdade:*
>
> Confio no amor de Deus para todo o sempre.
> Salmos 52.8
>
> Pois estou convencido de que nem morte nem vida, nem anjos nem demônios, nem o presente nem o futuro, nem quaisquer poderes, nem altura nem profundidade, nem qualquer outra coisa na criação será capaz de nos separar do amor de Deus que está em Cristo Jesus, nosso Senhor.
> Romanos 8.38-39

Todavia, Deus, que é rico em misericórdia, pelo grande amor com que nos amou, deu-nos vida com Cristo, quando ainda estávamos mortos em transgressões — pela graça vocês são salvos.

Efésios 2.4-5

Nisto consiste o amor: não em que nós tenhamos amado a Deus, mas em que ele nos amou e enviou seu Filho como propiciação pelos nossos pecados.

1João 4.10

Deus é amor.

1João 4.16

15

Deus está me castigando

Mentira: *Deus está me castigando.*
Verdade: *Deus está me purificando como ouro (cf. 1Pe 1.6-7).*

Meu filho, Steven, e eu estávamos sentados no chão do quarto dele jogando cartas. Restavam-nos apenas alguns minutos antes de sairmos para matriculá-lo no curso de natação de verão e queríamos jogar mais uma partida. Aquele verão tinha tudo para ser melhor que todos os outros. Ginger, nossa *golden retriever*, acabara de dar à luz sete adoráveis cãezinhos, Steven estava curtindo o sexto verão de sua vida, e, após quatro anos de sucessivos testes de gravidez negativos, Deus nos surpreendera com um presente precioso. O resultado do último teste havia sido positivo.

Todavia, enquanto estava sentada no chão ao lado de Steven naquele lindo dia de verão, senti um líquido quente e viscoso descer pela perna, e o sol começou a abafar minhas esperanças e meus sonhos. A ida ao banheiro confirmou meu maior medo. Na tarde daquele mesmo dia o médico confirmou: "O coração não está batendo".

Aquilo que começou com um verão cheio de vida e alegria se transformou rapidamente em tempo de grande perda e tristeza. Chorei por aquele filho pelo qual havia orado e sofri a dor de ter os braços vazios. Alguém disse certa vez: "Nunca imaginei que pudesse sentir saudades de alguém que não conheci". Mas, ah, que saudades senti dela! Nunca soubemos ao certo, mas, no fundo do coração, eu achava que o bebê era menina.

Após a perda, no silêncio da noite, o inimigo sussurrava: "Deus não a ama. Se a amasse, não teria permitido que aquilo acontecesse. A culpa é sua. Você não tem fé suficiente. Ele a está castigando. Você não é digna de ter outro filho. Coisas ruins acontecem a pessoas ruins".

Quer saber? Comecei a acreditar nele. Aceitei a mentira. "Deus, estás me castigando?", perguntei, chorando. "O que fiz para merecer isso? Não te importas comigo?"

Estava tão fraca e exausta que não tinha forças para lutar contra o inimigo. Foi então que minhas amigas cerraram fileiras e acreditaram em Deus por mim. Elas oraram e me amaram até eu readquirir o bom senso. É para isso que servem as amigas.

Em vez de gritar: "Por que eu?", comecei a orar com toda a sinceridade: "E agora? O que queres de mim agora, Senhor?".

Muitas perguntas ribombavam em minha mente, mas o pensamento de que Deus estava me castigando soava mais forte. Trata-se de uma pergunta comum, enraizada na mentira de que Deus não é um Deus de amor. E essa pergunta está impregnada de cheiro de fumaça.

Creio que, quando passamos por uma provação que nos causa feridas profundas, Deus pode usá-la para ensinar-nos lições preciosas. Eis alguns desses ensinamentos: passamos a entender com mais profundidade quem é Deus, quem somos e em quem cremos verdadeiramente. Nossa fé se desenvolve nas lutas no laboratório da vida.

POR QUE ACONTECEM COISAS RUINS?

Não é fácil explicar por que as tragédias acontecem. Seria castigo de Deus, trapaça do Diabo ou resultado de vivermos em um mundo decaído e degenerado? Todas as opções são válidas, mas não devemos ser tão rápidas em deduzir que foi por causa de alguma coisa que fizemos.

Sim, Deus nos disciplina. A Bíblia diz: "Saibam, pois, em seu coração que, assim como um homem disciplina o seu filho, da mesma forma o Senhor, o seu Deus, os disciplina" (Dt 8.5). E:

> Meu filho,
> não despreze a disciplina do Senhor
> nem se magoe com a sua repreensão,
> pois o Senhor disciplina a quem ama,
> assim como o pai faz ao filho
> de quem deseja o bem.
>
> Provérbios 3.11-12

Contudo, todas as vezes que lemos a respeito de Deus disciplinando alguém na Bíblia, a pessoa exortada sabe exatamente quem estava impondo o castigo e por quê.

Deus disciplinou Miriã por ela ter criticado seu irmão Moisés (cf. Nm 12). Deus disciplinou Saul por ele ter assumido por conta própria a função de sacerdote (cf. 1Sm 13). Deus fulminou Ananias e Safira quando eles mentiram sobre a quantidade de dinheiro que colocaram aos pés dos apóstolos (cf. At 5). Em todos os casos, não houve nenhum sinal de arrependimento da parte dos infratores e nenhuma indagação sobre o motivo pelo qual estavam sendo castigados.

Lemos também as histórias de Jó e Pedro, as quais mostram que, de vez em quando, as dificuldades se originam de uma ofensiva espiritual. Deus permitiu a Satanás que pusesse esses dois homens à prova. Ambos saíram da batalha mais fortes, mais santos e mais poderosos que nunca. Portanto, às vezes as situações difíceis se originam de uma ofensiva total do inimigo.

A Bíblia diz que Deus perdoa rapidamente quando nos arrependemos e pedimos perdão. Ele não mantém um registro de erros nem nos castiga por pecados cometidos no passado. Deus atira nossos pecados nas profundezas do mar e não volta para pescá-los. Essa é sua forma de agir.

Em alguns casos, temos de conviver com as consequências de nosso pecado, e isso parece ser uma forma de castigo. Mas precisamos sempre lembrar que as consequências resultam de nossas escolhas. As doenças sexualmente transmissíveis e gestações indesejadas podem ser consequências de promiscuidade sexual. Relacionamentos rompidos são consequência da mentira.

Se você saltar do segundo andar de um edifício e quebrar a perna, não vai dizer que a perna quebrada foi castigo de Deus. Foi consequência de uma escolha errada.

Não há resposta apropriada para explicar por que acontecem coisas ruins. Deus está no controle de tudo, e seus caminhos são mais altos que os nossos (cf. Is 55.8-9). Em *Quando Deus não faz sentido*, o dr. James Dobson diz: "Tentar analisar sua [de Deus] onipotência é o mesmo que uma ameba tentar entender o comportamento humano".[1] É simplesmente impossível.

Face a face com o Pai

Uma amiga minha, Shannon, também questionou se Deus a estava castigando por meio da infertilidade. Ela descreveu as palavras do médico como

> uma cantilena constante e obsessiva em minha cabeça, como se fosse uma canção da qual não se pode livrar — uma canção com o poder de levar qualquer um à loucura. A voz dele me

perseguia o tempo todo: "você é estéril". Eu ouvia isso antes do café da manhã, no fim da tarde, quando a luz do dia declinava e desaparecia, e novamente nas horas negras no meio da noite, quando eu ansiava por dormir, mas não conseguia fechar os olhos.[2]

No decorrer de muitos anos de consultas médicas, adoções fracassadas e testes negativos de gravidez, Shannon achou que estava sendo castigada por Deus. Quando tinha 19 anos, Shannon atravessou as portas de uma clínica de aborto para pôr fim à vida de seu bebê em gestação. No entanto, um teste antes do procedimento revelou que ela não estava grávida. Mas a culpa pelo que tencionara fazer acompanhou-a como uma nuvem negra. "Será que Deus está me castigando?", ela se perguntou ao longo dos anos de infertilidade. "Talvez eu não seja digna de que ele me abençoe." Foi ao ouvir a mentira de um colega de trabalho que ela aceitou a verdade.

> Eu queria ser uma professora eficiente, queria que Deus sentisse orgulho de mim. Por isso, além da leitura habitual da Bíblia e de minhas orações planejadas, passei a ler Romanos semana após semana. [...] Eu me consolava com a esperança de que minha diligência no estudo bíblico produzisse bons resultados naquilo que fosse realmente importante.
>
> No íntimo, devo ter acreditado que Deus notaria meu grande talento e me daria uma nota adequada. Ele eliminaria a nota F que eu recebera no dia em que entrei naquela clínica, em cuja porta havia uma tabuleta simbolizando um arco-íris e cujo chão era imundo, e a substituiria por um A+. Quando fizesse isso — quando desse um sinal de aprovação e apagasse os dados de minha ficha —, ele me avisaria enviando-me a única mensagem que possivelmente me convenceria: permitiria que eu gerasse um filho.

Cerca de um ano depois de dar início ao estudo de Romanos, comecei a trabalhar como recepcionista do condomínio onde morávamos. Eu levava minha Bíblia e um *notebook* e me sentava no centro da recepção, de onde podia vigiar a piscina e cumprimentar os moradores que chegavam.

Uma noite, deixei minha folha de registros e a Bíblia aberta no livro de Romanos, repleto de anotações. Um funcionário da manutenção entrou para tomar uma xícara de café. Ao ver minha Bíblia, ele perguntou o que eu estava lendo.

— Romanos — respondi.

Ele assentiu com a cabeça:

— É um bom livro.

Conversamos por alguns instantes sobre as igrejas que cada um de nós frequentava. De repente, ele fez uma afirmação estranha:

— Ah, aprendi uma lição esta semana.

— O que foi?

— Eu me esqueci de dar o dízimo no domingo passado, e sabe o que aconteceu na segunda-feira?

Não fui capaz de adivinhar.

— O pneu do meu carro furou.

Continuei à espera do término da história, sem conseguir acompanhar a linha de raciocínio dele.

— Você não entendeu? O pneu furado foi uma mensagem: "Se você quiser que eu o abençoe, terá de cumprir sua parte no trato". Não podemos zombar de Deus. Ele estava me avisando.

— Não, ele não estava — as palavras saíram galopando de minha boca antes que eu tivesse tempo de laçá-las com uma corda.

— Claro que estava.

Naquele momento nós dois já estávamos mergulhados no assunto. Deixei de lado toda a inibição:

— Você acha que Deus só o abençoa quando você é bom?

— Exatamente. Se você obedecer às regras, der a ele o que lhe pertence e agir direitinho, receberá coisas boas. Se não fizer tudo isso, receberá coisas más.

— Como você pode *pensar* assim? Quem lhe ensinou essa bobagem?

— Você está chamando a Palavra de Deus de bobagem? "Pode um homem roubar de Deus? [...] Tragam o dízimo todo ao depósito do templo [...]. Ponham-me à prova", diz o Senhor dos Exércitos, "e vejam se não vou abrir as comportas dos céus e derramar sobre vocês tantas bênçãos que nem terão onde guardá-las" (Ml 3.8,10).

— Sim... mas... mas chegar a ponto de dizer que Deus é vingativo, mesquinho e... e... igual a nós...

— Se você quer ser abençoada, precisa cumprir sua parte no trato.

Ele pegou a xícara de café, despediu-se com um movimento de cabeça e afastou-se.

Acompanhei-o com o olhar. Como alguém poderia pensar daquele jeito? Como podemos amar e servir a um Deus tão mesquinho? Eu não conseguia entender. Por certo eu não conhecia o Deus daquele homem...

"Ah, não conhece?"

O pensamento ecoou no assombroso silêncio de minha mente. Por um longo e terrível momento, parei e permiti que as ramificações daquela pergunta me bombardeassem e zombassem de mim.

No entanto, levantei-me de repente, liguei o aspirador de pó e abafei o som do eco.

Não li uma só palavra da Bíblia no dia seguinte. Tive uma boa desculpa: alguns amigos e amigas da Califórnia haviam ligado no início da semana avisando que iam me visitar.

Depois de pôr a conversa em dia, desejamos boa noite uns aos outros. Não dormi bem. Um assunto não resolvido me pressionava. Às 5 horas da manhã, tendo dormido apenas algumas horas, peguei minha Bíblia e dirigi-me silenciosamente ao banheiro — o único cômodo onde eu poderia ler sem perturbar os outros.

Abri a Bíblia em uma passagem conhecida e sentei-me no chão com as costas contra a parede — no sentido literal e também no figurado. Deus havia me encurralado. Aquele funcionário irritante conseguira trazer para fora todos os pensamentos adormecidos em minha mente, colocara-os em cima da mesa e os despertara; e agora eu teria de assumi-los como meus.

Eu *de fato* pensava em Deus daquela maneira. Achava que poderia torná-lo meu devedor.

"É mais que isto", ouvi.

Entendi que ele queria extrair tudo de mim. Queria retalhar-me ali mesmo e retirar todos os pensamentos cancerígenos que se desenvolviam em minha mente.

— É mais que o quê?

— Você acha que pode conquistar bênçãos e pensa que precisa apagar seus erros para que eu a ame.

Olhei para a Bíblia aberta em meu colo e, de repente, todos os versículos assinalados em vermelho começaram a saltar da página: "justificado pela fé [...], cujos pecados são apagados [...], reconciliados com ele [...], dádiva [...], feitos justos [...]" (Rm 3.28; 4.7; 5.10,15,19).

Meus olhos retrocederam alguns versículos e fixaram-se naquele que, finalmente, revolucionou tudo: "De fato, no devido tempo, quando ainda éramos fracos, Cristo morreu pelos ímpios" (5.6).

As palavras que li todas as semanas durante um ano adquiriram vida, movimento, abriram os braços para mim, e eu mergulhei nelas. E Deus sussurrou uma revelação: "Quando você estava totalmente apaixonada por seu pecado, foi aí que a escolhi. Quando você estava o mais afastada possível de mim, foi aí que eu disse: 'Ela é minha'".

Ele havia planejado tudo. Deus conduziu-me àquele banheiro e colocou-me no chão, e, ao olhar ao redor, me dei conta de onde estava e lembrei-me daquele banheiro de tempos atrás, quando me sentei na mesma posição e supliquei-lhe que esvaziasse meu útero. Ele estava exatamente lá para sussurrar o que eu mais necessitava ouvir: "Eu estava lá... e chorei com você".

Eu não estava sendo castigada. Não estava pagando por um erro. Deus não estava zangado comigo.

Apertei a Bíblia de encontro ao peito, ergui o rosto para o alto e chorei. Deus se ofereceu a mim, e eu lhe permiti que tirasse todo o ódio que eu guardara em meu íntimo, todo o medo que senti dele e todas as dúvidas que tive sobre meu passado e que influenciavam meu futuro.

No silêncio daquele cômodo ouvi a promessa: "Eu serei sua maior recompensa".[3]

A promessa de aflições

Deus não estava castigando Shannon. Agora ela sabia disso. Não era nada mais nada menos que o plano dele para ela.

Quando passamos por sofrimento, o inimigo tenta nos convencer de que estamos sendo castigadas por algum pecado que cometemos. Sim, já dissemos que Deus disciplina seus filhos. Não podemos, porém, lançar um cobertor de condenação sobre todas as nossas provações e lutas. Abraão, Isaque, Jacó, José, Moisés, Josué, Davi, os profetas, os discípulos, Paulo e até Jesus passaram por mais aflições na vida do que você e eu podemos imaginar. Mesmo assim, eles foram instrumentos escolhidos por Deus para proclamar a mensagem de seu reino. Você acha que Satanás sussurrou essas mesmas mentiras àqueles homens? Tenho absoluta certeza de que sim.

Jesus disse: "Neste mundo *vocês terão* aflições; contudo, tenham ânimo! Eu venci o mundo" (Jo 16.33).

Tiago escreveu: "Meus irmãos, considerem motivo de grande alegria *o fato de* passarem por diversas provações, pois vocês sabem que a prova da sua fé produz perseverança (1.2-3). Pedro escreveu:

> Nisso vocês exultam, ainda que agora, por um pouco de tempo, devam ser entristecidos por todo tipo de provação. Assim acontece *para que fique comprovado* que a fé que vocês têm, muito mais valiosa do que o ouro que perece, mesmo que refinado pelo fogo, é genuína e resultará em louvor, glória e honra, quando Jesus Cristo for revelado.
>
> 1Pedro 1.6-7

Aflições. Provações. Sofrimento. Tudo isso é consequência de vivermos em um mundo pecaminoso. Satanás tenta nos dizer que sofremos por causa de nossos erros. "Você mereceu", ele diz com zombaria. "Deus a está castigando", ele sussurra. "Você é uma pessoa má."

Não passam de mentiras.

Sim, Jó questionou Deus no final. E Deus respondeu a Jó de maneira muito poderosa. Vale a pena ler de novo. A calamidade absoluta de Jó resultou em um conhecimento mais amplo de quem Deus é e do que ele faz. E ao término de seu sofrimento, Jó disse:

> "Meus ouvidos já tinham
> ouvido a teu respeito,
> mas agora os meus olhos te viram".
>
> Jó 42.5

Não é isso que todas nós desejamos — estar com Deus de maneira tão real a ponto de sentir sua mão em nossa testa, sentir sua respiração em nosso pescoço e sentir seus braços ao redor de nossos ombros trêmulos? Existe tesouro mais precioso a ser escavado das provações da vida que descobrir mais atributos de Deus?

Isso não é castigo, minha amiga. É bênção.

Reconheça a mentira: Deus está me castigando.
Rejeite a mentira: Isso não é verdade.
Substitua a mentira pela verdade:

> Ao passar, Jesus viu um cego de nascença. Seus discípulos lhe perguntaram: "Mestre, quem pecou: este homem ou seus pais, para que ele nascesse cego?" Disse Jesus: "Nem ele nem seus pais pecaram, mas isto aconteceu para que a obra de Deus se manifestasse na vida dele".
>
> João 9.1-3.

> Meus irmãos, considerem motivo de grande alegria o fato de passarem por diversas provações, pois vocês sabem que a prova da sua fé produz perseverança. E a perseverança deve ter ação completa, a fim de que vocês sejam maduros e íntegros, sem lhes faltar coisa alguma.
>
> Tiago 1.2-4

> Amados, não se surpreendam com o fogo que surge entre vocês para os provar, como se algo estranho lhes estivesse acontecendo. Mas alegrem-se à medida que participam dos sofrimentos de Cristo, para que também, quando a sua glória for revelada, vocês exultem com grande alegria.
>
> 1Pedro 4.12-13

16

Não sou digna de ser chamada cristã

MENTIRA: *Não sou digna de ser chamada cristã.*

VERDADE: *"Pois vocês são salvos pela graça, por meio da fé, e isto não vem de vocês, é dom de Deus; não por obras, para que ninguém se glorie" (Ef 2.8-9).*

Eu estava na fila dos pêsames após um culto em memória de um senhor piedoso que falecera alguns dias antes. O homem adiante de mim abraçou a viúva enlutada e disse baixinho: "Você o verá novamente". Meu coração se condoeu quando ouvi a resposta dela: "Espero que sim. Não sei se fomos dignos disso".

Aquele não era lugar para repreensão ou censura, mas meu coração partiu-se ao meio.

A viúva, de 86 anos, frequentou igreja a vida inteira. Lia sempre a Bíblia, fazia devocionais diários e participava dos cultos com regularidade. Ainda assim, acreditava em uma mentira. Acreditava que precisava conquistar seu caminho para o céu... que precisava ser "digna de entrar no céu".

Ah, querida amiga, jamais seremos dignas de conquistar nosso passaporte para o céu. Jamais seremos dignas de "entrar no céu". Se o fôssemos, Jesus não precisaria ter entregado sua vida em nosso lugar. Esse é um dom gratuito.

Há muita gente tentando ganhar aquilo que já tem. E é a mentira da aceitação com base em realizações que acorrenta as mulheres.

Talvez você esteja acreditando na mentira de que precisa conquistar seu lugar no céu ou que pode perder a salvação se não agir corretamente. Devemos expor essa mentira e aprender a caminhar no dom incrível da graça de Deus.

Entretanto, também pode ser que você tenha colocado o capacete da salvação bem firme no lugar, e ele nunca tenha caído de sua linda cabecinha. Se esse for o caso, recoste-se na cadeira e agradeça essa bênção a Deus. Depois, alegre-se com suas irmãs que estão prestes a tomar posse do dom mais precioso de Deus e participe da festa.

O QUE SIGNIFICA SER SALVO?

A palavra *salvo* tem sido usada de maneira tão indiscriminada na igreja que perdeu seu encanto e mistério. O que significa ser salvo?

Salvação significa "libertação" ou "resgate". E do que fomos libertados ou resgatados? Por meio de Jesus Cristo fomos resgatados da perdição (cf. Lc 19.10), da ira de Deus (cf. Rm 5.9), do salário do pecado (cf. Rm 6.23), do domínio das trevas (cf. Cl 1.13), da separação eterna de Deus, e do castigo eterno no inferno (cf. Ap 20.6). *Somos salvos* do castigo do pecado no momento em que cremos. *Estamos sendo salvos* do poder do pecado à medida que continuamos a ser cada vez mais conformes à imagem de Cristo. E *seremos salvos* da presença do pecado quando deixarmos este corpo terreno e seguirmos para a eternidade com Deus.

A fé salvadora exige o comprometimento de todo o nosso ser: mente, vontade e emoções. Com a mente entendemos a verdade do evangelho, com a vontade decidimos nos submeter a Deus e aceitar Jesus como Senhor de nossa vida, e com as emoções expressamos tristeza por nosso pecado e alegria pela misericórdia e graça de Deus. Ser salvo significa mais que ser libertado da prisão. É mais que um bilhete de ida para o céu. A vida eterna começa no momento em que cremos, e Deus deseja que tenhamos vida plena aqui neste mundo (cf. Jo 10.10). Ser salvo é passar da morte espiritual para a vida espiritual em um piscar de olhos de Deus. Não somos salvos porque nos comportamos bem, mas porque cremos.

O QUE SIGNIFICA ESTAR PERDIDO?

Era nossa primeira viagem à Disney, e preparamos minha filmadora para gravar lembranças preciosas. No início da gravação, estamos em um centro de boas-vindas, onde as crianças sobem em vários objetos, rastejam por túneis e pulam de uma barra a outra. A seguir, meu marido, Steve, corre em direção à filmadora, com o rosto cada vez maior até preencher a tela inteira.

"Onde Steven foi parar?", ele grita. "Não o encontrei em lugar nenhum!"

Em seguida, a tela fica branca.

Que maneira de iniciar as férias! Steven havia se desgarrado de nós. Entrou em um daqueles túneis e ainda não aparecera. Claro que ficamos em pânico. Quem deseja perder um filho em plena Disney? Evidentemente, nós o encontramos. Ele não tinha ideia de que estava perdido.

Ei, esta última frase a fez parar para pensar?

Mesmo enquanto escrevia este livro, Deus lembrou-me rapidamente de que eu também estive na mesma situação. Eu não tinha ideia de que estava perdida, mas meu Pai celestial me encontrou.

O que significa estar *perdida*? Como chegamos a essa situação de estar desorientada em lugar escuro e vazio? Tudo começou no jardim do Éden, quando o homem decidiu desobedecer a Deus e destruir o relacionamento entre eles. A Bíblia diz que, no momento em que Eva mordeu o fruto proibido, seu corpo continuou vivo, mas seu espírito morreu. A partir de então, todas as pessoas nascem com corpo e alma vivos, mas com um espírito morto, separado de Deus, rejeitado. Deus, porém, não nos abandonou à própria sorte. Tão logo Adão e Eva desobedeceram a Deus, a sombra da cruz apareceu no horizonte, e o Pai começou a expor seu maravilhoso plano redentor.

Após a desobediência, Adão e Eva esconderam-se de Deus. Ao procurar por eles quando soprava a brisa do dia, o Senhor fez a primeira pergunta registrada na Bíblia: "Onde está você?". Essa pergunta percorre as Escrituras como um fio escarlate, de Gênesis a Apocalipse.

Onde está você? Não importa o que você fez, não importa até que ponto se afastou do plano divino perfeito para sua vida, Deus está sempre à sua procura. Tudo o que você tem de fazer é sair do esconderijo e dizer: "Estou aqui, Senhor".

Vemos, de Gênesis a Apocalipse, o plano desenrolar-se diante de nossos olhos. Romanos apresenta uma linda descrição dos passos da salvação. Vamos percorrer a estrada de Romanos para descobrir como passar de rejeitadas a aceitas, como receber o dom da vida eterna amanhã e o dom da vida plena hoje.

O PROBLEMA

"Pois todos pecaram e estão destituídos da glória de Deus" (Rm 3.23).

Ninguém, exceto Jesus Cristo, foi ou é digno de entrar no céu pelos próprios méritos. Ninguém pode preparar seu caminho para o céu. Essa talvez seja uma das maiores diferenças entre o cristianismo e as outras religiões do mundo. O budismo, o hinduísmo e o islamismo ensinam que temos de conquistar o caminho até Deus. Sabe de uma coisa? Não temos a menor condição de fazer isso.

Imagine que você esteja na costa leste dos Estados Unidos, contemplando o oceano Atlântico. Na praia oposta, Deus está sentado em seu trono. Para chegar lá, basta colocar óculos de proteção e pés de pato e nadar até a outra margem. Você conseguiria? Não. Da mesma forma, você e eu não temos condições de chegar ao céu por conta própria. Deus exige perfeição imaculada para entrarmos em sua presença, e, conforme o autor de Romanos nos lembra, todos nós pecamos.

O castigo

"Pois o salário do pecado é a morte, mas o dom gratuito de Deus é a vida eterna em Cristo Jesus, nosso Senhor" (Rm 6.23).

Desde o início dos tempos, Deus advertiu Adão e Eva de que, se lhe desobedecessem e comessem do fruto proibido, o castigo seria a morte. Embora Adão e Eva não tenham morrido no momento em que pecaram, o processo foi iniciado, e o espírito deles morreu completamente.

Por meio de um ato de desobediência, o dique foi aberto e inundou a criação com o pecado. No entanto, assim como um ato de desobediência abriu caminho para a entrada do pecado no mundo, um ato de obediência liberou graça. O sacrifício de Jesus Cristo tornou a vida eterna acessível a todos os que creem. Observe que Paulo se refere à vida eterna como um *dom*. Salvação não é algo que podemos comprar, não é uma remuneração no final de uma longa vida. É um dom, um presente para ser recebido, desembrulhado e usufruído para sempre.

Paulo escreveu em sua carta à igreja em Éfeso:

> Todavia, Deus, que é rico em misericórdia, pelo grande amor com que nos amou, deu-nos vida com Cristo [...]. Pois vocês são salvos pela *graça*, por meio da fé, e isto não vem de vocês, é dom de Deus; não por obras para que ninguém se glorie.
> Efésios 2.4-5,8-9

E como recebemos esse dom incrível? Basta confessar e crer.

A DÁDIVA

"Mas Deus demonstra seu amor por nós: Cristo morreu em nosso favor quando ainda éramos pecadores" (Rm 5.8).

Ao longo de todo o Antigo Testamento, os homens e as mulheres conscientizaram-se de que não poderiam ter uma vida santa para satisfazer aos padrões de Deus. Houve um ciclo de rebeliões, julgamentos, arrependimentos e avivamentos na história de Israel. E nós também não vemos isso em nosso coração? Eu me alegro muito por saber que Deus nos ama apesar de nossas fraquezas e fragilidades.

No tempo perfeito do calendário de seu reino, Deus olhou para seu Filho e disse: "É chegada a hora". E naquela noite estrelada em Belém, o homem-Deus nasceu de uma virgem chamada Maria, foi embrulhado em panos e colocado em uma manjedoura. Ovelhas malcheirosas, vacas sujas de lama e galinhas cacarejando saudaram a chegada do Rei dos reis ao mundo, enquanto os anjos cantavam uma sinfonia de louvor ouvida por homens comuns.

Jesus viveu sem pecado, apesar de ter sido tentado e provado da mesma forma que você e eu. Depois, Jesus entregou sua vida como sacrifício e morreu de modo cruel em uma cruz romana.

Ele foi o último sacrifício exigido por Deus, o sacrifício definitivo. Mas, três dias depois, quando a festa de vitória de Satanás estava no auge, o Deus todo-poderoso ressuscitou Jesus dentre os mortos, a pedra foi removida e o Cristo ressurreto saiu completamente vivo do túmulo.

> De fato, no devido tempo, quando ainda éramos fracos, Cristo morreu pelos ímpios. Dificilmente haverá alguém que morra por um justo, embora pelo homem bom talvez alguém tenha coragem de morrer. Mas Deus demonstra seu amor por nós: Cristo morreu em nosso favor quando ainda éramos pecadores.
> Romanos 5.6-8

A promessa

"Se você confessar com a sua boca que Jesus é Senhor e crer em seu coração que Deus o ressuscitou dentre os mortos, será salvo. Pois com o coração se crê para justiça, e com a boca se confessa para salvação. Como diz a Escritura: 'Todo o que nele confia jamais será envergonhado'" (Rm 10.9-11).

Recebemos esta promessa de Deus: se confessarmos com a boca e cremos no coração que Deus ressuscitou Jesus dentre os mortos, seremos salvos. Não há uma longa lista de regras a serem cumpridas. Basta seguir uma Pessoa.

Confissão é a manifestação externa daquilo em que acreditamos internamente. É mais que simplesmente dizer algumas palavras em voz alta. Até os demônios sabem que Jesus é o Filho de Deus — em muitas passagens bíblicas eles reconheceram isso. *Confissão* "é a convicção profunda e pessoal, sem reservas, de que Jesus é o mestre e soberano de nossa vida. Essa frase inclui arrepender-se de pecados, confiar em Jesus para salvação e submeter-se a ele como Senhor".[1] *Confessar* é estar de acordo com alguém. Quando confessamos Jesus como Senhor, estamos concordando com a declaração de Deus sobre a verdadeira identidade de Cristo.

À medida que substituímos as mentiras pela verdade, ouvimos um poder espiritual falando a verdade bem alto. Satanás não é onisciente. Embora sussurre pensamentos em sua mente, ele não é capaz de saber o que se passa nela. Só Deus tem esse poder. Portanto, quando você confessa Jesus como Senhor, está fazendo uma confissão para o mundo ouvir e, acima de tudo, está também fazendo uma confissão para o domínio das trevas ouvir.

Confessamos com a boca e cremos com o coração. E em que acreditamos? Paulo diz: "... e crer em seu coração que Deus o ressuscitou dentre os mortos". Sem ressurreição, não haveria salvação. Jesus seria igual a outro fundador de uma grande religião, um guia que andou pela face da terra — e morreu. Mas o que torna o cristianismo diferente de todas as outras religiões é que o nosso líder vive. Ele ressuscitou dentre os mortos e vive à direita do Pai, orando por você e por mim.

Salvação mediante a fé sempre foi o plano de Deus, e ninguém está excluído do convite. Conforme Paulo diz: "Todo o que nele confia jamais será envergonhado" (Rm 10.11).

A PROCLAMAÇÃO

"Portanto, agora já não há condenação para os que estão em Cristo Jesus, porque por meio de Cristo Jesus a lei do Espírito de vida me libertou da lei do pecado e da morte" (Rm 8.1-2).

Imagine-se estar em pé diante de um tribunal. Você foi condenada por crimes múltiplos, e a sentença está prestes a ser proferida. Mas, antes que o juiz faça o pronunciamento a respeito de sua pena, alguém se levanta no fundo da sala e aproxima-se dele.

— Meritíssimo, sei que esta mulher é culpada de todos os crimes apresentados hoje diante deste tribunal. Sei que ela merece cumprir a sentença sem direito a liberdade condicional. Mas eu me apresento diante do senhor hoje, na presença destas testemunhas, e me ofereço para cumprir a pena em lugar dela. Troco minha vida pela vida desta mulher, para que ela seja libertada.

O juiz fita aquele homem cujos olhos estão cheios de compaixão e amor e diz:

— Muito bem.

Assim que o homem que redimiu sua vida é conduzido para fora, algemado, o juiz vira-se para você e diz:

— Inocente. Você está livre.

Quando aceitamos Cristo no coração, todos os nossos pecados do passado, do presente e do futuro são perdoados — atirados no fundo do mar. *Condenação* é um termo legal usado para descrever nossa condição perante o juiz em um tribunal de justiça. Nossa ficha foi apagada, cancelada, e, portanto, não há condenação para os que estão em Cristo Jesus. Fomos aceitas por Deus e adotadas como filhas dele.

Assim como você não pode fazer nada para conquistar a salvação, também não pode fazer nada para perdê-la. Jesus protege aqueles que são entregues aos cuidados dele.

> Àquele que é poderoso para impedi-los de cair e para apresentá-los diante da sua glória sem mácula e com grande alegria, ao único Deus, nosso Salvador, sejam glória, majestade, poder e autoridade, mediante Jesus Cristo, nosso Senhor, antes de todos os tempos, agora e para todo o sempre! Amém.
>
> Judas 24-25

Embora você não possa fazer nada para mudar sua posição como filha de Deus, há muitas coisas que pode fazer para mudar a situação, isto é, aproximar-se ou afastar-se de Deus. Ao longo da vida, aproximamo-nos e afastamo-nos de Deus conforme nossa obediência a ele é maior ou menor.

Nada pode nos separar do amor divino (cf. Rm 8.38-39). Mas a profundidade e a intimidade de nosso relacionamento com Deus é proporcional ao tempo que passamos com ele lendo sua Palavra, orando e ouvindo sua voz mansa e suave.

Digamos que você conheceu o homem de seus sonhos e se casou com ele, mas, logo depois do "sim", você se mudou para o Texas. Ele continua na Carolina do Norte, e você liga para ele uma vez por semana para pedir algumas coisas de que necessita. Certo, digamos que você só liga para ele aos domingos, e, mesmo assim, apenas quando não está muito cansada para pegar o telefone. Que intimidade você espera dessa união? Até que ponto conhece seu marido?

Não basta apenas atravessar o corredor da igreja e unir-se ao seu noivo celestial. Para haver um relacionamento íntimo, é necessário estar sempre perto dele para conhecê-lo. Caso contrário, começaremos a sentir-nos distantes. Estou casada há vinte e cinco anos e continuo a fazer descobertas sobre meu marido. Da mesma forma, sou cristã há trinta anos e continuo a fazer descobertas incríveis sobre meu Senhor.

A oração

"Todo aquele que invocar o nome do Senhor será salvo" (Rm 10.13).

Se você ainda não aceitou Jesus como seu Salvador e Senhor, que tal fazer isso agora? Se nunca pediu a Jesus que fosse seu

Senhor e Salvador e gostaria de aceitar esse dom precioso de Deus, podemos fazer isso já.

Vamos orar juntas.

"Amado Pai celestial, eu me apresento diante de ti hoje como pecadora carente de um Salvador. Confesso que pequei e cometi muitos erros na vida. Creio, no fundo do coração, que Jesus Cristo é teu Filho, que nasceu de uma virgem, teve uma vida perfeita e entregou-se como sacrifício para redimir meus pecados. Creio que ele ressuscitou dentre os mortos no terceiro dia e vive para sempre contigo. Eu me apresento diante de ti com fé e confiança. Obrigada por teres concedido a mim o dom da vida eterna. Em nome de Jesus. Amém."

Aquele que me levanta a cabeça

Karen conseguira tudo o que queria. Fazia catorze anos que morava na mesma casa com o namorado, três filhos e um cão. Mas seu coração estava partido. Ela estava perdida e achava que jamais seria digna de ser chamada cristã. "Nunca me senti à vontade ao entrar em uma igreja", ela disse. "Além do mais, não queria parar de ir a festas e me divertir. Dizia palavrões o tempo todo e achava que jamais conseguiria mudar meu modo de ser".

Um dia, a prima de Karen convidou-a para irem juntas a um pequeno grupo de estudo bíblico. "Não quero ir sozinha", a prima disse. "Por favor, venha comigo."

Karen forjou um sorriso no rosto e acompanhou a prima. Quanto mais aprendia a respeito de Deus, pior se sentia. Mas as mulheres do grupo pareciam ter uma alegria que ela não tinha. Pela primeira vez Karen sentiu que havia alguma esperança. Viu um brilho nos olhos das mulheres e queria tê-lo também. Deus a estava chamando. Ela me contou:

Eu não era uma pessoa digna. Não posso sequer começar a revelar todas as coisas que fiz. E as coisas que teria de mudar? Ah, minha amiga. Havia muitas. Tentei impedir a entrada de Deus em meu coração; porém, quanto mais orava, mais ele se revelava a mim.

Finalmente, depois de vários meses difíceis, eu o aceitei. Sabia que não poderia ser tudo o que Deus queria que eu fosse, mas estava desesperada. Abaixei a cabeça (parecia que eu vivia o tempo todo de cabeça baixa) e comecei a orar. Senti a paz de Deus envolver-me como nunca havia sentido. E ele me disse carinhosamente: "Levante a cabeça. Você é minha filha, e eu a amo".

Abri o coração para Jesus naquele dia. Ele sabia como eu era e, mesmo assim, me queria. Minha vida nunca mais foi a mesma. Ainda tenho problemas, mas Deus está sempre presente para me ajudar a enfrentá-los.

Aceitei Cristo em março de 2006, meu filho de 7 anos pediu que Jesus entrasse em seu coração no verão de 2007, e casei com meu namorado alguns meses depois. Antes eu não conseguia entrar na igreja; agora não consigo ficar longe dela. Deus é minha corda salva-vidas, e tudo começou com um punhado de mulheres em um pequeno grupo de estudo bíblico que tentavam ajudar umas às outras a aprender um pouco mais a respeito de Deus.

Karen pensou que nunca seria digna de ser chamada cristã, mas Deus, que lhe ergueu a cabeça, disse-lhe que Jesus já havia sido digno em lugar dela.

Tudo gira em torno dele

Steve e eu entramos em um trenzinho para fazer um passeio ao topo do monte Pike, perto de Colorado Springs. Trata-se da montanha mais visitada na América do Norte — o paraíso dos que gostam de fazer longas caminhadas para exercitar-se.

Mas, como meu único exercício é subir e descer a escada de casa, optamos pelo trem para levar-nos até lá. Aquela montanha imponente se destaca como um majestoso pano de fundo em Colorado Springs e nas formações rochosas denominadas Garden of Gods. Enquanto o trem subia os poucos mais de catorze quilômetros até o topo, o guia turístico indicava os vários pontos interessantes e a vida animal ao longo do caminho. De repente, o trem diminuiu consideravelmente a velocidade, e um coro de *ohs* e *ahs* tomou conta de todos os vagões. Em completo silêncio, vimos um rebanho de carneiros selvagens à nossa direita.

Os carneiros, com suas ancas revestidas de lã branca, formaram um círculo como se fossem espectadores de uma luta de boxe. Dois deles posicionaram-se frente a frente dentro do ringue, analisando um ao outro com determinação. As ovelhinhas, com os chifres começando a despontar, pastavam ao redor. Aparentemente, era época de acasalamento, e os machos estavam disputando a atenção das fêmeas.

Um forte estalo foi ouvido quando os dois machos correram, um ao encontro do outro, e deram uma forte cabeçada. E eles continuaram a dar cabeçadas com um único objetivo em mente: conquistar o direito de acasalar-se com as fêmeas aparentemente desinteressadas. (Ah, como as mulheres sabem ser recatadas de vez em quando!)

Após aquele espetáculo deslumbrante da criação de Deus, todos no trem vibraram de alegria, e a viagem continuou. Então, o guia gritou com entusiasmo: "Pessoal, vamos dar uma salva de palmas para todos nós. Nunca vi nada semelhante em minhas viagens ao topo da montanha. Vamos dar uma salva de palmas para todos nós por termos visto esta cena maravilhosa hoje".

O vagão inteiro irrompeu em gritos e aplausos. Bem, não era exatamente o vagão inteiro.

Olhei para Steve e disse: "Por que deveríamos dar uma salva de palmas para nós? Por que essa gente está aplaudindo? Não tivemos absolutamente nada a ver com aquilo. Deus colocou a cena diante de nós para que a apreciássemos. Permitiu que tivéssemos um vislumbre de sua criação divina. Tudo o que fizemos foi decidir entrar no trem".

Ouvi, então, Deus falar ao meu coração: "Acontece o tempo todo".

Ah, querida amiga, Deus nos concedeu o dom maravilhoso da salvação. Não o conquistamos, nem o merecemos. Se assim fosse, não seria um dom. Salvação não é algo por que devemos nos congratular por ter obtido. Simplesmente não depende de nós. Tudo o que fizemos foi decidir entrar no trem. Mas louvado seja Deus porque ele prometeu que nosso passeio pela vida seria repleto de manifestações incríveis de seu esplendor.

Não precisamos conquistar a salvação. Tão somente temos de aceitá-la. E que vida fascinante teremos!

Reconheça a mentira: Não sou digna de ser chamada cristã.
Rejeite a mentira: Isso não é verdade.
Substitua a mentira pela verdade:

> Mas quando, da parte de Deus, nosso Salvador, se manifestaram a bondade e o amor pelos homens, não por causa de atos de justiça por nós praticados, mas devido à sua misericórdia, ele nos salvou pelo lavar regenerador e renovador do Espírito Santo.
>
> Tito 3.4-5

Portanto, ele é capaz de salvar definitivamente aqueles que, por meio dele, aproximam-se de Deus, pois vive sempre para interceder por eles.

Hebreus 7.25

"Porque Deus tanto amou o mundo que deu o seu Filho Unigênito, para que todo o que nele crer não pereça, mas tenha a vida eterna".

João 3.16

[Jesus disse:] "Ninguém as poderá arrancar da mão de meu Pai".

João 10.29

Olhares mais atentos

Carla estava diante do espelho do banheiro dando os últimos retoques ma maquiagem antes de partir apressada para a quermesse da cidade, em companhia de suas amigas. Fazia dez anos que ela e sua antiga turma se aventuraram a comparecer àquelas festividades itinerantes. Muita coisa acontecera desde então. Algumas boas. Outras más. No entanto, em meio a todas as alegrias e provações da década passada, Carla havia conhecido Jesus e se aproximado dele. Trocara a religião por um relacionamento íntimo com Deus.

"Sou muito grata", Carla pensou. "Meus olhos foram abertos para a verdade de quem sou como filha de Deus. Deixei de acreditar nas mentiras do inimigo de que não sou digna, que sou desprezível ou que sou um fracasso. Ah, sou muito grata pela verdade de Jesus, que me libertou da escravidão das mentiras. Chega de sentir vergonha de mim mesma!"

O som da buzina interrompeu os pensamentos de Carla. Ela pegou a blusa de lã e gritou para a mãe na cozinha. Despediu-se dos filhos com um beijo e correu para a porta antes que eles começassem a implorar que ela não saísse.

— Tchau, mãe. Vou chegar por volta das 23 horas — Carla disse.

— Tome cuidado! — a mãe gritou.

Carla, Kátia, Clarice e Margareth andaram de barraca em barraca atendendo aos convites dos que tentavam atrair compradores para suas mercadorias. Riram ao ver uma nova safra de garotos adolescentes dando pancadas com martelos para provar sua masculinidade, disparando rifles e arremessando bolas de basquete no cesto. As moças quiseram participar de brincadeiras antigas e riram ao colocar os dedos na água para pegar patinhos. As recordações incluíram a compra de algodão-doce pegajoso, que derretia em contato com as mãos.

"Venham, venham todos!", alguém gritou. "Entrem e vejam sua imagem como nunca viram. Esta é a Casa dos Espelhos. Com certeza vocês vão rir e se divertir. Entrem."

"Vamos, mocinha", disse o homem de pele escura, cabelos pretos engordurados e sorriso largo, acenando para Carla. Assustada, ela quis dar meia-volta e correr.

"Vamos entrar aqui", Kátia disse. "Vai ser divertido".

Carla misturou-se à grande aglomeração e foi atraída pela primeira sala de espelhos. A imagem refletia silhuetas alongadas, e as moças riram de suas figuras altas e magras. Na sala seguinte, riram mais ainda ao ver braços e pernas roliços e perguntaram onde estavam os espelhos que escondiam as rugas.

Depois, as garotas dirigiram-se à terceira sala, mas Carla ficou para trás. Permaneceu em silêncio diante da imagem que viu diante dela. Palavras começaram a surgir à sua frente, às vezes mais nítidas, às vezes mais desbotadas, com estilos de letras variados. *Muito amada. Completamente perdoada. Agradável em tudo. Tesouro inestimável. Aceita. Nova criação. Escolhida. Santa. Valiosa. Redimida. Purificada. Livre.*

Ela não conseguiu sair do lugar. Mal podia respirar.

Lágrimas de alegria começaram a descer pelo rosto sorridente de Carla. "Obrigada, Senhor, por abrires meus olhos para a verdade. Eu te amo muito."

Quando ela correu para encontrar-se com as amigas, todas notaram um brilho especial em seu rosto manchado pelas lágrimas... um brilho que elas sempre notaram.

Guia prático para substituir as mentiras pela verdade

Mentira: Não sou digna o suficiente.
Verdade: Graças a Jesus Cristo e sua obra de redenção, sou muito amada, completamente perdoada, agradável em tudo e totalmente aceita por Deus. O Espírito Santo concede-me poder e meios para eu fazer tudo o que Deus deseja que eu faça.

> Mas vocês foram lavados, foram santificados, foram justificados no nome do Senhor Jesus Cristo e no Espírito de nosso Deus.
> 1Coríntios 6.11

Mentira: Não tenho inteligência suficiente.
Verdade: Tenho a mente de Cristo.

> Nós, porém, temos a mente de Cristo.
> 1Coríntios 2.16

Mentira: Sou rejeitada.
Verdade: Fui escolhida.

> Porque Deus nos escolheu nele antes da criação do mundo.
> Efésios 1.4

Mentira: Estou condenada.
Verdade: Estou perdoada.

> Se confessarmos os nossos pecados, ele é fiel e justo para perdoar os nossos pecados e nos purificar de toda injustiça.
> 1João 1.9

Mentira: Sou perdedora.
Verdade: Sou vencedora.

> Mas, em todas estas coisas somos mais que vencedores, por meio daquele que nos amou.
>
> Romanos 8.37

Mentira: Sou insegura.
Verdade: Tenho segurança.

> Aquele que teme o Senhor possui uma fortaleza segura.
>
> Provérbios 14.26

Mentira: Não tenho capacidade.
Verdade: Minha capacidade está em Cristo.

> Não que possamos reivindicar qualquer coisa com base em nossos próprios méritos, mas a nossa capacidade vem de Deus.
>
> 2Coríntios 3.5

Mentira: Sou inferior aos outros. Não sou ninguém.
Verdade: Sou filha do Rei.

> Contudo, aos que o receberam, aos que creram em seu nome, deu-lhes o direito de se tornarem filhos de Deus.
>
> João 1.12

Mentira: Sou insignificante. Não sou importante para ninguém.
Verdade: Sou filha de Deus.

> Vejam como é grande o amor que o Pai nos concedeu: sermos chamados filhos de Deus, o que de fato somos!
>
> 1João 3.1

Mentira: Sou incompetente. Não faço nada certo.
Verdade: Sou competente e fui capacitada pelo Espírito Santo.

Não que possamos reivindicar qualquer coisa com base em nossos próprios méritos, mas a nossa capacidade vem de Deus. Ele nos capacitou para sermos ministros de uma nova aliança, não da letra, mas do Espírito.

2Coríntios 3.5-6

Mentira: Sou incompleta. Necessito de ———— para completar-me.
Verdade: Sou completa em Cristo.

Pois em Cristo habita corporalmente toda a plenitude da divindade, e, por estarem nele, que é o Cabeça de todo poder e autoridade, vocês receberam a plenitude.

Colossenses 2.9-10

Mentira: Sou inaceitável.
Verdade: Sou totalmente aceita por Deus.

Portanto, aceitem-se uns aos outros, da mesma forma que Cristo os aceitou, a fim de que vocês glorifiquem a Deus.

Romanos 15.7

Mentira: Estou completamente sozinha.
Verdade: Deus e seus anjos celestiais estão sempre comigo.

O anjo do Senhor é sentinela ao redor daqueles que o temem, e os livra.

Salmos 34.7

Mentira: Não faço nada certo.
Verdade: Posso fazer todas as coisas em Cristo, que me fortalece.

Tudo posso naquele que me fortalece.

Filipenses 4.13

Mentira: Não tenho nenhum valor.
Verdade: O Senhor escolheu-me para ser seu tesouro pessoal. Meu valor não se baseia no que os outros pensam de mim, mas no que Deus pensa de mim. E, para ele, tenho um valor incalculável.

"Pois vocês são povo consagrado ao Senhor, o seu Deus. Dentre todos os povos da face da terra, o Senhor os escolheu para serem o seu tesouro pessoal."

Deuteronômio 14.2

Mentira: Estou totalmente indefesa.
Verdade: Deus é a minha força.

"Por isso não tema, pois estou com você; não tenha medo, pois sou o seu Deus. Eu o fortalecerei e o ajudarei; eu o segurarei com a minha mão direita vitoriosa. [...] Pois eu sou o Senhor, o seu Deus, que o segura pela mão direita e lhe diz: Não tema; eu o ajudarei."

Isaías 41.10,13

Mentira: Jamais vou entender isso.
Verdade: Deus me dará sabedoria.

Quer você se volte para a direita quer para a esquerda, uma voz atrás de você lhe dirá: "Este é o caminho; siga-o".

Isaías 30.21

Se algum de vocês tem falta de sabedoria, peça-a a Deus, que a todos dá livremente, de boa vontade; e lhe será concedida.

Tiago 1.5

Mentira: Sou uma pessoa má.
Verdade: Sou participante da natureza divina.

Dessa maneira, ele nos deu as suas grandiosas e preciosas promessas, para que por elas vocês se tornassem participantes da natureza divina e fugissem da corrupção que há no mundo, causada pela cobiça.

2Pedro 1.4

Mentira: Meu pecado é imperdoável.
Verdade: Deus perdoou todos os meus pecados.

> Se confessarmos os nossos pecados, ele é fiel e justo para perdoar os nossos pecados e nos purificar de toda injustiça.
>
> 1João 1.9

Mentira: Sou uma mercadoria velha.
Verdade: Sou nova criação, santuário de Deus.

> Portanto, se alguém está em Cristo, é nova criação. As coisas antigas já passaram; eis que surgiram coisas novas!
>
> 2Coríntios 5.17

> Vocês não sabem que são santuário de Deus e que o Espírito de Deus habita em vocês?
>
> 1Coríntios 3.16

Mentira: Estou sem força.
Verdade: Recebi força do Espírito Santo.

> Oro também para que os olhos do coração de vocês sejam iluminados, a fim de que vocês conheçam [...] a incomparável grandeza do seu poder para conosco, os que cremos, conforme a atuação da sua poderosa força.
>
> Efésios 1.18-19

Mentira: Não sou aceita por ninguém.
Verdade: Fui adotada na família de Deus.

> Em amor nos predestinou para sermos adotados como filhos, por meio de Jesus Cristo.
>
> Efésios 1.5

Mentira: Sou fraca.
Verdade: Sou forte no Senhor. Seu poder opera em mim.

O Senhor é a fortaleza da minha vida.

Salmos 27.1, RA

Mentira: Estou condenada.
Verdade: Estou perdoada.

Portanto, agora já não há condenação para os que estão em Cristo Jesus.

Romanos 8.1

Mentira: Estou completamente sozinha.
Verdade: Jesus está sempre comigo.

Deus [...] disse: "Nunca o deixarei, nunca o abandonarei".

Hebreus 13.5

Então, Jesus aproximou-se deles e disse: [...] "E eu estarei sempre com vocês, até o fim dos tempos".

Mateus 28.18,20

Verdade: Estou desprotegida.
Mentira: Deus me protegerá.

O nome do Senhor é uma torre forte; os justos correm para ela e estão seguros.

Provérbios 18.10

Mentira: Não consigo mais suportar isto.
Verdade: Sou capaz de suportar.

O que é nascido de Deus vence o mundo; e esta é a vitória que vence o mundo: a nossa fé.

1João 5.4

Mentira: Não consigo esquecer o passado.
Verdade: Deus faz novas todas as coisas. Sou nova criação.

> Portanto, se alguém está em Cristo, é nova criação. As coisas antigas já passaram; eis que surgiram coisas novas!
>
> 2Coríntios 5.17

Mentira: Não consigo resistir à tentação.

Verdade: Por meio do poder do Espírito Santo, sou capaz de resistir à tentação.

> Resistam ao Diabo, e ele fugirá de vocês.
>
> Tiago 4.7

> Não sobreveio a vocês tentação que não fosse comum aos homens. E Deus é fiel; ele não permitirá que vocês sejam tentados além do que podem suportar. Mas, quando forem tentados, ele mesmo lhes providenciará um escape, para que o possam suportar.
>
> 1Coríntios 10.13

Mentira: Não posso permitir que alguém conheça meu passado.

Verdade: Há um poder incrível em minha história pessoal de perdão e libertação. É o inimigo que deseja manter-me calada.

> Eles [...] venceram [Satanás] pelo sangue do Cordeiro e pela palavra do testemunho que deram.
>
> Apocalipse 12.11

Mentira: Não consigo abandonar este vício.

Verdade: Vou abandonar este hábito pecaminoso por meio do poder de Cristo.

> Pois sabemos que o nosso velho homem foi crucificado com ele, para que o corpo do pecado seja destruído, e não mais sejamos escravos do pecado; pois quem morreu, foi justificado do pecado.
>
> Romanos 6.6-7

Mentira: Não confio que Deus suprirá minhas necessidades.
Verdade: Confio que Deus suprirá minhas necessidades.

> O meu Deus suprirá todas as necessidades de vocês, de acordo com as suas gloriosas riquezas em Cristo Jesus.
>
> Filipenses 4.19

Mentira: Não acredito que Deus ouve minhas orações.
Verdade: Deus sempre ouve minhas orações.

> Esta é a confiança que temos ao nos aproximarmos de Deus: se pedirmos alguma coisa de acordo com a vontade de Deus, ele nos ouvirá. E se sabemos que ele nos ouve em tudo o que pedimos, sabemos que temos o que dele pedimos.
>
> 1João 5.14-15

Mentira: Não necessito de Deus neste assunto. Posso lidar com isso sozinha.
Verdade: Não posso fazer nada importante se Cristo não estiver comigo.

> "Eu sou a videira; vocês são os ramos. Se alguém permanecer em mim e eu nele, esse dará muito fruto; pois sem mim vocês não podem fazer coisa alguma."
>
> João 15.5

Mentira: Não possuo os meios necessários para ter sucesso na vida.
Verdade: Deus concedeu-me tudo de que necessito para realizar a obra para a qual ele me chamou.

> Seu divino poder nos deu tudo de que necessitamos para a vida e para a piedade, por meio do pleno conhecimento daquele que nos chamou para a sua própria glória e virtude.
>
> 2Pedro 1.3

Mentira: Não tenho fé suficiente.
Verdade: Deus concedeu-me toda a fé de que necessito. Preciso apenas exercitá-la e crer.

> Ninguém tenha de si mesmo um conceito mais elevado do que deve ter; mas, ao contrário, tenha um conceito equilibrado, de acordo com a medida da fé que Deus lhe concedeu.
>
> Romanos 12.3

> [Jesus] respondeu: "Porque a fé que vocês têm é pequena. Eu lhes asseguro que se vocês tiverem fé do tamanho de um grão de mostarda, poderão dizer a este monte: 'Vá daqui para lá', e ele irá. Nada lhes será impossível".
>
> Mateus 17.20

Mentira: Nunca serei capaz de fazer algo importante na vida.
Verdade: Deus tem planos maravilhosos para minha vida.

> Porque somos criação de Deus realizada em Cristo Jesus para fazermos boas obras, as quais Deus preparou antes para nós as praticarmos.
>
> Efésios 2.10

Mentira: Jamais me recuperarei desta situação terrível. A vida nunca mais será a mesma.
Verdade: Deus agirá para que tudo corra bem em minha vida.

> Sabemos que Deus age em todas as coisas para o bem daqueles que o amam, dos que foram chamados de acordo com o seu propósito.
>
> Romanos 8.28

Mentira: Ninguém ora por mim.
Verdade: Jesus ora por mim continuamente.

Foi Cristo Jesus que morreu; e mais, que ressuscitou e está à direita de Deus, e também intercede por nós.

Romanos 8.34

Mentira: Ninguém sabe o que estou passando.
Verdade: Jesus entende o que estou passando.

Pois não temos um sumo sacerdote que não possa compadecer-se das nossas fraquezas, mas sim alguém que, como nós, passou por todo tipo de tentação, porém sem pecado.

Hebreus 4.15

Mentira: Ninguém me ama.
Verdade: Deus me ama imensamente.

Vejam como é grande o amor que o Pai nos concedeu: sermos chamados filhos de Deus, o que de fato somos!

1João 3.1

Mentira: Desta vez Deus não me perdoará.
Verdade: Deus me perdoará quando eu confessar meu pecado, arrepender-me e pedir-lhe perdão.

Graças ao grande amor do SENHOR é que não somos consumidos, pois as suas misericórdias são inesgotáveis. Renovam-se cada manhã; grande é a sua fidelidade!

Lamentações 3.22-23

Mentira: Deus não é bom.
Verdade: Deus é bom o tempo todo.

Tu és bom, e o que fazes é bom.

Salmos 119.68

Mentira: O amor de Deus por mim baseia-se em minhas realizações.
Verdade: O amor de Deus por mim não se baseia em minhas realizações, mas na obra consumada por Jesus Cristo.

> Pois vocês são salvos pela graça, por meio da fé, e isto não vem de vocês, é dom de Deus; não por obras, para que ninguém se glorie.
>
> Efésios 2.8-9

Mentira: Deus esqueceu-se de mim.
Verdade: Deus nunca me esquecerá.

> "Haverá mãe que possa esquecer seu bebê que ainda mama e não ter compaixão do filho que gerou? Embora ela possa esquecê-lo, eu não me esquecerei de você! Veja, eu gravei você nas palmas das minhas mãos."
>
> Isaías 49.15-16

Mentira: Deus não se importa comigo.
Verdade: Deus sabe quantos fios de cabelo há em minha cabeça e se preocupa com cada aspecto de minha vida.

> "Até os cabelos da cabeça de vocês estão todos contados. Portanto, não tenham medo; vocês valem mais do que muitos pardais!"
>
> Mateus 10.30-31

Mentira: Tenho motivos para temer.
Verdade: Deus me protegerá. Não preciso ter medo.

> Busquei o SENHOR, e ele me respondeu; livrou-me de todos os meus temores.
>
> Salmos 34.4

Mentira: Quero obedecer ao Senhor, mas é difícil demais.
Verdade: Deus nunca me pedirá algo sem antes me dar poder e força para realizá-lo.

"O que hoje lhes estou ordenando não é difícil fazer, nem está além do seu alcance."

Deuteronômio 30.11

Mentira: Eu preciso de ———— para me sentir completa.
Verdade: Sou completa em Cristo.

Pois em Cristo habita corporalmente toda a plenitude da divindade, e, por estarem nele, que é o Cabeça de todo poder e autoridade, vocês receberam a plenitude.

Colossenses 2.9-10

Mentira: Não há esperança para meu casamento.
Verdade: Nada é impossível para Deus. Ele pode restaurar meu casamento.

"Pois nada é impossível para Deus."

Lucas 1.37

Mentira: Não há esperança para minhas finanças.
Verdade: Deus tomará conta de minhas finanças se eu buscá-lo em primeiro lugar.

"Busquem, pois, em primeiro lugar o Reino de Deus e a sua justiça, e todas essas coisas lhes serão acrescentadas."

Mateus 6.33

Mentira: Eu extrapolei desta vez. Deus deixará de me amar.
Verdade: Não há nada que eu possa fazer para que Deus deixe de me amar.

Pois estou convencido de que nem morte nem vida, nem anjos nem demônios, nem o presente nem o futuro, nem quaisquer poderes, nem altura nem profundidade, nem qualquer outra coisa na criação será capaz de nos separar do amor de Deus que está em Cristo Jesus, nosso Senhor.

Romanos 8.38-39

Mentira: O corpo é meu. Posso fazer o que eu quiser com ele.
Verdade: Meu corpo é santuário de Deus.

> Acaso não sabem que o corpo de vocês é santuário do Espírito Santo que habita em vocês, que lhes foi dado por Deus, e que vocês não são de si mesmos? Vocês foram comprados por alto preço. Portanto, glorifiquem a Deus com o seu próprio corpo.
>
> 1Coríntios 6.19-20

Mentira: Ele não é cristão, mas vou me casar com ele de qualquer maneira. Tenho certeza de que tudo dará certo.
Verdade: Deus ordenou aos crentes que não se casassem com descrentes.

> Não se ponham em jugo desigual com descrentes. Pois o que têm em comum a justiça e a maldade? Ou que comunhão pode ter a luz com as trevas? [...] Que há de comum entre o crente e o descrente?
>
> 2Coríntios 6.14-15

Mentira: Eu mereço coisa melhor.
Verdade: Eu mereço o inferno. Deus não me deve nada. Eu lhe devo tudo.

> Nada façam por ambição egoísta ou por vaidade, mas humildemente considerem os outros superiores a si mesmos. [...] Seja a atitude de vocês a mesma de Cristo Jesus, que, embora sendo Deus, não considerou que o ser igual a Deus era algo a que devia apegar-se; mas esvaziou-se a si mesmo, vindo a ser servo, tornando-se semelhante aos homens.
>
> Filipenses 2.3,5-7

Mentira: O Diabo forçou-me a fazer isso.
Verdade: O Diabo não pode me forçar a nada.

> Aquele que está em vocês é maior do que aquele que está no mundo.
>
> 1João 4.4

Mentira: Eu seria feliz se ao menos pudesse ―――――.
Verdade: Minha alegria vem de conhecer Deus.

> Aprendi a viver contente em toda e qualquer situação.
>
> Filipenses 4.11, RA

Mentira: Tenho de pagar os meus pecados.
Verdade: Jesus pagou os meus pecados.

> "O Filho do homem [...] não veio para ser servido, mas para servir e dar a sua vida em resgate por muitos."
>
> Mateus 20.28

Mentira: A vida é minha. Faço o que quiser com ela.
Verdade: Agora minha vida pertence a Deus.

> Vocês foram comprados por alto preço. Portanto, glorifiquem a Deus com o seu próprio corpo.
>
> 1Coríntios 6.20

Mentira: Não há propósito em minha vida.
Verdade: Deus tem planos excelentes para minha vida.

> Olho nenhum viu, ouvido nenhum ouviu, mente nenhuma imaginou o que Deus preparou para aqueles que o amam.
>
> 1Coríntios 2.9

Mentira: O problema é grande demais. Não pode ser resolvido.
Verdade: Não há problema difícil demais para Deus.

> Ah! Soberano Senhor, tu fizeste os céus e a terra pelo teu grande poder e por teu braço estendido. Nada é difícil demais para ti.
>
> Jeremias 32.17

Mentira: Eu devia me preocupar.
Verdade: Não preciso me preocupar. Deus está no controle.

> Não andem ansiosos por coisa alguma, mas em tudo, pela oração e súplicas, e com ação de graças, apresentem seus pedidos a Deus. E a paz de Deus, que excede todo o entendimento, guardará o coração e a mente de vocês em Cristo Jesus.
>
> Filipenses 4.6-7

Mentira: Eu me sinto suja.
Verdade: Fui lavada, santificada e justificada.

> Mas vocês foram lavados, foram santificados, foram justificados no nome do Senhor Jesus Cristo e no Espírito de nosso Deus.
>
> 1Coríntios 6.11

Mentira: Deus não ouve minhas orações.
Verdade: Deus ouve todas as minhas orações.

> O Senhor está perto de todos os que o invocam, de todos os que o invocam com sinceridade. Ele realiza os desejos daqueles que o temem; ouve-os gritar por socorro e os salva.
>
> Salmos 145.18-19

Mentira: Deus nunca poderá usar-me.
Verdade: Deus pode e vai usar-me para realizar seus propósitos para minha vida.

> Vocês não me escolheram, mas eu os escolhi para irem e darem fruto, fruto que permaneça.
>
> João 15.16

Mentira: Se alguém não gosta de mim é porque existe algo de errado comigo.
Verdade: Nem todos gostam de mim. Nem todos gostaram de Jesus.

> Foi desprezado e rejeitado pelos homens, um homem de dores e experimentado no sofrimento.
>
> Isaías 53.3

Mentira: Posso me vestir do jeito que eu quiser. Se um homem for tentado, não será problema meu.
Verdade: Não devo me vestir de maneira que leve um irmão a ser tentado.

> Não se tornem motivo de tropeço.
>
> 1Coríntios 10.32

Mentira: Não confio que Deus cuidará de mim.
Verdade: Confio que Deus cuidará de mim.

> "Portanto eu lhes digo: Não se preocupem com sua própria vida, quanto ao que comer ou beber; nem com seu próprio corpo, quanto ao que vestir. [...] Busquem, pois, em primeiro lugar o Reino de Deus e a sua justiça, e todas essas coisas lhes serão acrescentadas."
>
> Mateus 6.25,33

Mentira: Eu preciso de ———— para ser feliz e estar em segurança.
Verdade: Minha felicidade e segurança vêm de conhecer Jesus.

> O Senhor é o meu pastor; de nada terei falta.
>
> Salmos 23.1

Mentira: Eu era cristã, mas perdi a salvação.
Verdade: Eu não fiz nada para conquistar a salvação. Fui salva pelo que Jesus fez, não pelo que eu fiz. Portanto, não posso perder a salvação por ter feito coisas erradas.

[Jesus disse:] "Eu lhes dou a vida eterna, e elas jamais perecerão; ninguém as poderá arrancar da minha mão".

João 10.28

Mentira: Eu tenho meus direitos.
Verdade: O caminho para a alegria é deixar meus direitos de lado.

Seja a atitude de vocês a mesma de Cristo Jesus, que, embora sendo Deus, não considerou que o ser igual a Deus era algo a que devia apegar-se; mas esvaziou-se a si mesmo, vindo a ser servo, tornando-se semelhante aos homens.

Filipenses 2.5-7

Notas

Capítulo 2
1. Lynda HUNTER. *Who Am I Really*, p. 30.
2. Em meu livro *Experience the Ultimate Makeover: Discovering God's Transforming Power*, apresento em detalhes tudo o que perdemos no jardim do Éden e o que ganhamos no jardim de Getsêmani. Recomendo a leitura da explicação passo a passo acerca da transformação incrível que ocorreu em você no momento em que creu no Senhor.
3. Neil ANDERSON. *Living Free in Christ*, p. 124.
4. John MACARTHUR. *The MacArthur Bible Commentary*, p. 1704.
5. Francis FRANGIPANE. *Os três campos de batalha*.

Capítulo 3
1. P. 155.
2. William BACKUS e Marie CHAPIAN. *Fale a verdade consigo mesmo*.
3. *Amando a Deus de todo o seu entendimento*, p. 17.

Capítulo 4
1. Disponível em: <www.airsafe.com/events/celebs/jfk_jr.htm>. Acesso em: 30 de set. de 2011.
2. Eric NOLTE. *Heart Over Mind: The Death of JFK, Jr.* Disponível em: <www.airlinesafety.com/editorials/JFKJrCrash.htm>. Acesso em: 30 de set. de 2011.
3. Idem.
4. Markus BARTH. "Efésios 4-6" em *The Anchor Bible*, v. 34A, p. 763.
5. John MACARTHUR. *The MacArthur Bible Commentary*, p. 1706.
6. Aqui, a autora refere-se à comédia de situação *The Andy Griffith Show*, transmitida entre 1960 e 1968 pela rede de TV norte-americana CBS.

O programa exibia episódios da vida familiar do xerife Andy Taylor (representado pelo ator Andy Griffith). Ron Howard atuava no papel de Opie Taylor, filho único do xerife. (N. do T.)
[7] *The MacArthur Bible Commentary*, p. 1643.
[8] Sharon JAYNES. *Extraordinary Moments with God*, p. 50-51.
[9] Albert M. WELLS JR., org., *Inspiring Quotations, Contemporary and Classical*, p. 209.

Capítulo 5
[1] "Spiritual and Mental Health in the Balance", citado em John E. WOODBRIDGE, ed., *Renewing Your Mind in a Secular World*, p. 26-28.

Capítulo 6
[1] *The Confident Woman: Knowing Who You Are in Christ*, p. 26-29.
[2] *The Beloved Disciple*, p. 87.
[3] Bruce WILKINSON. *A oração de Jabez devocional*, 2002.
[4] Joann C. WEBSTER e Karen DAVIS, eds., *A Celebration of Women*, p. 167.

Capítulo 7
[1] Mais de dois terços da população mundial não sabem ler nem escrever; portanto, a unidade de *playback* permite que os povos das tribos sejam discipulados por meio da audição do Novo Testamento em sua língua nativa. O aparelho é movido a luz solar e reproduz mil vezes o Novo Testamento. Para saber mais sobre esses dois ministérios maravilhosos, visite os *sites* <www.jesusfilm.org> e <www.faithcomesbyhearing.com>.
[2] As citações de Nick foram extraídas do programa de TV *The Hour of Power*, disponíveis em <http://www.crystalcathedral.org/hour_of_power/videos/nick.php>. Para saber mais sobre Nick Vujicic e seu ministério, visite o *site* <www.lifewithoutlimbs.org>.

Capítulo 8
[1] P. 26.
[2] Citado em Jack CRANFIELD e Mark HANSEN, eds., *Chicken Soup for the Soul*, p. 237.

³ *Teaching the Attraction Principle to Children.* Disponível em: <www.chickmoorman.com>. Acesso em: 4 de out. de 2011.

Capítulo 9
1. *The Beloved Disciple*, p. 141.
2. O livro citado tem como título original *Your Scars are Beautiful to God* [Suas cicatrizes são bonitas para Deus]. No Brasil, publicado sob o título Cicatrizes: encontrando paz e propósito nas feridas do seu passado. (São Paulo: Mundo Cristão, 2011.)
3. P. 62.
4. Neil ANDERSON. *Living Free in Christ*, p. 110.

Capítulo 10
1. *Tramp for the Lord*, p. 83-86.
2. P. 113.
3. Spiros ZODHIATES e outros, eds., *The Complete Word Study Dictionary: New Testament*, p. 229.
4. *Living Beyond Yourself*, p. 120.
5. *Saia do buraco*, p. 43-44.
6. Sharon JAYNES. *Cicatrizes*, p. 126-127.

Capítulo 11
1. Shannon WOODWARD. *Inconceivable*, p. 9.
2. Sarom, em inglês (N. do T.).
3. Linda J. WAITE e Maggie GALLAGHER. *The Case for Marriage*, p. 148.
4. Judith WALLERSTEIN, Julia LEWIS e Sandra BLAKESLEE. *Filhos do divórcio*.
5. Idem.
6. *The Geography of Bliss*, p. 76.
7. *Cristianismo puro e simples*. São Paulo: Martins Fontes, 2005.

Capítulo 12
1. Sociedade da Honra Nacional, organização norte-americana que reconhece alunos do ensino médio que se destacam não apenas nos estudos, mas também no convívio acadêmico. (N. do T.)

Capítulo 13
[1] Shannon WOODWARD. *Inconceivable*, p. 11.

Capítulo 14
[1] *Random House Unabridged Dictionary.*

Capítulo 15
[1] *Quando Deus não faz sentido.*
[2] *Inconceivable*, p. 17.
[3] Idem, p. 151-154.

Capítulo 16
[1] John MACARTHUR. *The MacArthur Bible Commentary*, p. 1539.

Bibliografia

ANDERSON, Neil. *Living Free in Christ*. Ventura: Regal Books, 1993.

BACKUS, William; CHAPIAN, Marie. *Fale a verdade consigo mesmo*. Belo Horizonte: Betânia, 2000.

BARTH, Markus. "Efésios 4-6" em *The Anchor Bible*, v. 34A. Garden City: Doubleday, 1974.

BOOM, Corrie ten. *Tramp for the Lord*. Grand Rapids: Fleming H. Revell, 1974.

CRANFIELD, Jack; HANSEN, Mark. eds., *Chicken Soup for the Soul*. Deerfield Beach: Health Communications, 1993.

DOBSON, James. *Quando Deus não faz sentido*. São Paulo: Bompastor, 2006.

FLEXNER, Stuart Berg. *Random House Unabridged Dictionary*, 2ª ed. New York: Random House, 1992.

FRANGIPANE, Francis. *Os três campos de batalha*. São Paulo: Vida, 2003.

GEORGE, Elizabeth. *Amando a Deus de todo o seu entendimento*. Campinas: United Press, 2003.

GILLHAM, Anabel. *The Confident Woman: Knowing Who You Are in Christ*. Eugene: Harvest House Publishers, 1993.

HUNTER, Lynda. *Who Am I Really?*. Nashville: Word Publishing, 2001.

JAYNES, Sharon. *Cicatrizes*. São Paulo: Mundo Cristão, 2011.

———. *Extraordinary Moments with God*. Eugene: Harvest House Publishers, 2008.

_____. *Experience the Ultimate Makeover: Discovering God's Transforming Power.* Eugene: Harvest House Publishers, 2007.

LEWIS, C. S. *Cristianismo puro e simples.* São Paulo: Martins Fontes, 2005.

_____. *Crônicas de Nárnia.* São Paulo: Martins Fontes, 1997.

MACARTHUR, John. *The MacArthur Bible Commentary.* Nashville: Thomas Nelson Publishers, 2005.

MANNING, Brennan. *Abba's Child: The Cry of the Heart for Intimate Belonging.* Colorado Springs: NavPress, 1994.

MARR, Diane Dempsey. *The Reluctant Traveler.* Colorado Springs: NavPress, 2002.

McGEE, Robert. *The Search for Significance.* Tulsa: Rapha Publishing, 1990.

MEIER, Paul. "Spiritual and Mental Health in the Balance", citado em John E. Woodbridge, ed., *Renewing Your Mind in a Secular World.* Chicago: Moody Press, 1985.

MOORE, Beth. *Living Beyond Yourself.* Nashville: LifeWay Press, 1998.

_____. *The Beloved Disciple.* Nashville: LifeWay Press, 2002.

_____. *Saia do buraco.* Rio de Janeiro: Thomas Nelson, 2007.

_____. *The Beloved Disciple.* Nashville: B&H Publishing Group, 2003.

MOORMAN, Chick; HALLER, Thomas. *Teaching the Attraction Principle to Children.* Merrill: Personal Power Press, 2008

WAITE, Linda J.; GALLAGHER, Maggie. *The Case for Marriage.* New York: Doubleday, 2000.

WALLERSTEIN, Judith.; LEWIS, Julia; BLAKESLEE, Sandra. *Filhos do divórcio.* São Paulo: Edições Loyola, 2002.

WEBSTER, Joann C.; DAVIS, Karen. eds., *A Celebration of Women*. Southlake: Watercolor Books, 2001.

WEINER, Eric. *The Geography of Bliss*. New York: Twelve, 2008.

WELLS JUNIOR, Albert M., org., *Inspiring Quotations, Contemporary and Classical*. Nashville: Thomas Nelson Publishers, 1988.

WILKINSON, Bruce. *A oração de Jabez devocional*. São Paulo: Mundo Cristão, 2002.

WOODWARD, Shannon. *Inconceivable*. Colorado Springs: Cook Communications Ministries, 2006.

———. *Inconceivable*. Colorado Springs: Cook Communications Ministries, 2006.

ZODHIATES, Spiros e outros. eds., *The Complete Word Study Dictionary: New Testament*. Chattanooga: AMG Publishers, 1992.

Compartilhe suas impressões de leitura escrevendo para:
opiniao-do-leitor@mundocristao.com.br
Acesse nosso *site:* www.mundocristao.com.br.

Diagramação:	Luciana Di Iorio
Preparação	Luciana Chagas
Revisão:	Josemar de Souza Pinto
Fonte:	Adobe Caslon Pro
Gráfica:	Forma Certa
Papel:	Off White 80 g/m²(miolo)
	Cartão 250 g/m² (capa)